AS 3 LEIS DO DESEMPENHO

AS 3 LEIS DO DESEMPENHO

REESCREVENDO O FUTURO DE SEU NEGÓCIO E DE SUA VIDA

STEVE ZAFFRON & DAVE LOGAN

TRADUÇÃO: ANDRÉ LUIZ LITMANOWICZ

PRIMAVERA
EDITORIAL

Sumário

Nota do editor, por Warren Bennis — 7

Prefácio à edição brasileira, por André Luiz Litmanowicz — 11

Prefácio à edição original, por Michael C. Jensen — 15

Nota dos autores — 19

Introdução: O poder de reescrever o futuro — 23

Parte I: As 3 Leis em ação

1: Transformando uma situação impossível — 33

2: Onde está a chave do desempenho? — 61

3: Reescrevendo o futuro que já está escrito — 93

Parte II: Reescrevendo o futuro da liderança

4: Com tantos livros sobre liderança, por que existem tão poucos líderes? — 119

5: A organização autoliderada — 143

Parte III: Sendo um mestre no jogo do desempenho

6: Quem ou o que está liderando sua vida? — 169

7: O caminho para a maestria	193
8: Quebrando a barreira do desempenho	223
Apêndice: As Três Leis do Desempenho e os corolários da liderança	231
Agradecimentos	233
Os autores	237
Índice	239
Fale conosco	243
Palavra de quem já leu	244

Nota do editor

Deve haver um gene de Jay Gatsby[1] em todos nós que estamos envolvidos na improvável tarefa de transformar organizações. Ele, nosso avatar, incorpora esse esforço com sua "paixão pelas promessas da vida". Refleti sobre isso por mais de meio século e às vezes penso que esta é uma caçada sem fim, uma tarefa de Sísifo[2], ou uma das peças cruéis que Zeus prega em nós, vulneráveis mortais, ao nos incitar na busca de uma vívida utopia. Então, vez por outra, um livro aparece num solavanco, levantando e restaurando nossa paixão da lenta fervura para a ebulição. Este livro de Zaffron e Logan faz exatamente isso. Mais ainda, estou felizmente surpreso por eles terem conseguido esse feito.

Há vários anos ouvi pela primeira vez suas ideias num restaurante elegante e tranquilo em Santa Mônica, tanto com admiração quanto com ceticismo. O que me fascinou naquela noite, acima de tudo, foi sua vigorosa aspiração: integrar um conjunto de disciplinas incompatíveis, como a ciência do cérebro, a linguística, a teoria organizacional e os complexos sistemas adaptativos, em um punhado de leis fundamentais do comportamento humano e organizacional, que levasse a uma profunda mudança mensurável nos vários domínios. Era

---
[1] Jay Gatsby, no livro *O grande Gatsby* de F. Scott Fitzgerald, é um oficial da marinha que, após a Primeira Guerra Mundial, se dedica cegamente a reconquistar Daisy, sua antiga paixão (N.T.).
[2] Na mitologia grega, os deuses condenaram Sísifo a empurrar uma pedra até atingir o topo da montanha, mas a pedra sempre rolava para baixo antes de alcançá-lo, representando o trabalho de enorme esforço e sem fim (N.T.).

um desafio e tanto, e, ouvindo-os pela primeira vez, tentei sem sucesso deixar de lado minha incredulidade. Pedi então que eles escrevessem o que me disseram. Tenho uma relação própria com palavras, e eu precisava de muito mais segurança que as palavras lançadas numa noite estrelada e recheada de bebida. Isso aconteceu há cinco anos.

Desde então, trabalhei com Steve e Dave revisando uma minuta depois da outra. Se há algo que posso dizer por ter me envolvido em sua elaboração, foi que meu entusiasmo crescia a cada versão. Não fui um parteiro deste livro, talvez o termo *padrinho* possa descrever melhor meu papel.

Acredito que este livro seja um dos mais importantes que foram escritos nos últimos anos. As ideias são muito mais amplas do que normalmente vemos em livros de negócios. Não são dicas, ferramentas ou passos. São leis que governam os comportamentos de indivíduos, grupos e organizações. As histórias não são as que usualmente lemos em textos de negócios, mas exemplos de organizações que trazem à tona o melhor de pessoas e comunidades. Não se trata de empresas apenas gerando lucros, mas de empresas fazendo bem ao mundo, independentemente de como isso seja medido. Os líderes terão a oportunidade de pensar sobre essas leis e encontrar caminhos para aplicar suas descobertas.

Ao mergulhar neste livro, o leitor terá uma vantagem que eu não tive quando ouvi Steve e Dave: parar, pensar e refletir. Até mesmo selecionar partes do livro para discutir com outras pessoas durante a leitura. Os relatos do livro são como aqueles filmes que me surpreenderam por sua grandeza. Continuo a lembrar as figuras e imagens das diferentes culturas e empresas descritas no livro, além das pessoas que lutaram para criar novas realidades. Entre outras, as mais surpreendentes, improváveis e inspiradoras são os lampejos do mundo de Lonmin, uma empresa mineradora de platina da África do Sul. Por mais que eu lesse essa história pelas diferentes versões durante os vários anos de preparação deste livro, ela sempre me inspirou em relação àquilo em que as organizações podem e devem transformar-se.

O capítulo 5, que trata das organizações autogeridas, é rico por uma razão especial. Ele descreve uma visão daquilo em que as organizações podem transformar-se, no sentido de a organização propriamente dita tornar-se líder mundial. Este capítulo é um demolidor de paradigmas e espero que líderes de negócios passem por ele calmamente e de forma reflexiva.

À medida que entramos no coração do século XXI, é a hora de os líderes de negócios se perguntarem qual impacto desejam em relação a suas carreiras e organizações. O futuro que tem sido previsto para as organizações não é o ideal. Podemos fazer melhor, precisamos fazer melhor. Este livro pode ser o recurso para as próximas gerações. Ele pode nos ajudar a lutar pelo que é possível e não apenas pelo que é provável.

Warren Bennis
Dezembro de 2008

Prefácio à edição brasileira

Quem lida com mudanças organizacionais há algum tempo sabe a relevância do fator humano na obtenção de resultados. As abordagens metodológicas ajudam, consultores que conhecem o negócio e são empáticos são importantes, mas nada é mais crítico do que as pessoas envolvidas assumirem o papel de líderes no processo de ajustes estratégicos e organizacionais.

A década de 1990 foi muito rica na identificação e propostas de novas abordagens para tornar mais efetivos os ajustes nas empresas e negócios. Complementaram a revolução da reengenharia de processo, que de forma estruturada revisava como as atividades se desenvolviam para atender às necessidades dos clientes, passando por cima de silos organizacionais e funcionais. Junto com os programas de qualidade e a tecnologia de informação, essa visão de processos é hoje a maneira natural de observar os negócios.

Entre as muitas novas abordagens dessa época, uma que começou a trazer o fator humano a esse contexto foi a Aprendizagem Organizacional, traduzida numa sequência de livros, com destaque para um deles, *A quinta disciplina: caderno de campo*, de Peter M. Senge. Dessas cinco disciplinas, a Visão Compartilhada e o Aprendizado em Time tinham aplicações práticas e imediatas nas empresas. É comum hoje encontrar empresas que, além de sua Missão, colocam sua Visão para que todos saibam para onde a organização caminha (isso não quer dizer que essas definições tenham sido desenvolvidas da maneira correta).

O Pensamento Sistêmico, uma poderosa ferramenta para compreender e definir mudanças cirúrgicas que geram resultados rápidos, também foi usado, mas de forma muito tímida comparado com seu potencial. Porém, os Modelos Mentais e em especial a Maestria Pessoal ficaram longe dos modelos estruturados das grandes empresas de consultoria de gestão.

Procurando maior aprofundamento nessas áreas menos desenvolvidas, pesquisei a origem desses conceitos, uma vez que o livro A quinta disciplina foi uma aglomeração estruturada de diversas abordagens de diferentes empresas de consultoria. Assim conheci uma empresa focada em educação chamada Landmark Education e participei em 1996 pela primeira vez de um de seus programas mais conhecidos, o Landmark Forum. Como muitos dos seus participantes, este programa fez uma grande diferença na minha vida pessoal e profissional. Passei a me conhecer bem mais, e como eu poderia agir para alcançar resultados.

O meu sonho na época era conseguir integrar nas abordagens estruturadas que desenvolvia na Arthur D. Little as técnicas que havia aprendido na Landmark. Esse sonho começou realmente a se concretizar quando saí da Arthur D. Little e passei a estar mais próximo do Vanto Group, a subsidiária da Landmark no desenvolvimento de projetos de consultoria. Essa integração da consultoria tradicional com a tecnologia do Vanto Group somente tem sido possível pelo enorme conhecimento que Olga Loffredi, responsável pelo Vanto Group na América Latina, tem tanto dessa tecnologia Vanto como da visão de negócios de serviços de consultoria.

No ano passado, soube que Steve e Dave estavam finalmente colocando toda essa experiência em um livro. E mais do que rapidamente me candidatei a traduzi-lo, com o objetivo de aprender mais ainda, e para que mais brasileiros e empresas no Brasil tivessem acesso a essa tecnologia tão poderosa. Confesso que no começou achei difícil que eles conseguissem colocar esses conceitos num livro. Mas, durante a tradução, pude reconhecer a enorme qualidade e esforço desenvolvido para gerar este livro. Temos aqui uma referência para que, ao ler *As 3 leis do desempenho*, possamos, tanto na nossa vida pessoal como profissional, reescrever nosso futuro, viver esse futuro no dia a dia e alcançar resultados.

Sou consultor de gestão apaixonado por alcançar resultados nos projetos que desenvolvo, e, apesar de não ser um tradutor profissional, procurei respeitar a forma de se comunicar de Steve e Dave no livro. Dediquei grande atenção à linguagem com que o livro foi escrito. Isso porque a forma pela qual as situações ocorrem às pessoas aparece na linguagem, e o livro coloca com muito cuidado seus termos e conceitos. Se valer uma dica, não leia o livro com pressa. Leia-o com cuidado, sempre pensando na sua vida pessoal e profissional. Converse bastante com este livro, pois ele o ajudará a alcançar resultados que antes pareceriam simplesmente impossíveis de acontecer.

André Luiz Litmanowicz
Sócio da Inova Consultoria de Gestão (iCG) e
parceiro do Vanto Group
alit@icg.com.br
Julho de 2009

Prefácio à edição original

Não tenho dúvida de que as ideias, as distinções e as metodologias que estão por trás do que Steve e Dave tão habilmente nos apresentam terão um impacto significativo no mundo. Estou honrado em ter sido convidado a escrever este prefácio.

Na primeira vez que tive contato com algumas das ideias contidas neste livro, testemunhei o extraordinário impacto que exerceram sobre a audiência. Fui atingido pelo enorme potencial, relevância e aplicabilidade dessa abordagem para a transformação de seres humanos e organizações. Mas, sob minha visão de mundo, eu não conseguia compreender como esse impacto dramático ocorria. Desde então, dediquei tempo e energia consideráveis para analisar essas ideias, tanto em meu próprio benefício como para colaborar com Steve e Dave a fim de torná-las universalmente disponíveis. Não foi uma tarefa fácil. Este livro é um passo substancial para alcançar essa aspiração. Parabéns!

Entrei em contato com Steve logo no início de meus esforços em buscar a essência dessas ideias e dominar plenamente a habilidade de influenciar de forma dramática o poder e produtividade de pessoas e organizações. Muito de minha pesquisa e de meus textos se deve a esse esforço. Em 1997, eu estava "batendo na parede" como líder de departamento na Harvard Business School. Para ser direto, eu estava fracassando. Pedi ajuda a Steve e ele generosamente concordou em trabalhar comigo e com minha equipe (a Unidade de Negociação, Organização e Mercados na HBS). Aqueles dois dias de trabalho, durante os quais ele conduziu uma tarefa que a maioria de nós considerou impossível realizar em tão pouco tempo, nos colocaram, como equipe, no caminho certo para nos tornar uma unidade formal da HBS. Por isso, e pelo fato de Steve ter sido meu professor, conselheiro, sócio e colega, estou profundamente agradecido.

Steve possui uma história comprovada por décadas em projetar e implementar iniciativas de larga escala que elevam o desempenho de organizações, e esse talento foi realmente necessário para levar a Unidade de Negociação, Organização e Mercados na HBS a seu nível atual. Além de ter testemunhado o sucesso de seu trabalho com meu grupo, tive a sorte de observar Steve e trabalhar com ele na estruturação e desenvolvimento de programas de outros clientes e grupos acadêmicos. Ele é um mestre.

Conheci Dave Logan por meio do Barbados Group (veja Nota dos autores). Dave tem extensa experiência na pesquisa e estruturação de programas que sintetizam mudanças organizacionais, gestão e liderança. Tenho tido o privilégio de trabalhar com ele em sessões de desenvolvimento de executivos para uma grande empresa multinacional. Fiquei impressionado com a habilidade de Dave em tratar com profundidade o que é crítico para promover o progresso. Lembro uma situação particularmente difícil que enfrentei quando Dave me apoiou e me guiou num caminho que permitiu reverter essa situação. Dave é também um mestre.

Preciso reconhecer os membros do Barbados Group. Em particular, Werner Erhard, por ter sido o catalisador que reuniu esses extraordinários pensadores e por sua magnífica liderança nas discussões do grupo. Sou profundamente grato pelas contribuições dessas conversas a mim pessoalmente e a este livro.

Faço um convite especial para que os leitores estejam abertos ao que pode parecer uma forma pouco familiar e talvez até estranha de pensar sobre as pessoas e as organizações.

Há muito a aprender e o ganho é imenso.

Michael C. Jensen e Jesse Isidor Straus,
Professor Emérito de Negócios,
Harvard Business School
Setembro de 2008

Nota dos autores

Este livro origina-se de uma parceria única e não seria possível sem a colaboração de um grupo de pessoas extraordinárias.

Steve tem sido chamado de "Mestre Zen travestido de homem de negócios" e Dave recebeu o apelido de "Dr. Phil da Fortune 500". Na década de 1960, enquanto Steve estudava em uma escola localizada em Chicago, Dave nascia.

De alguma forma, no meio de trajetórias bem diferentes, ambos nos apaixonamos pelo mesmo tema: Como as pessoas obtêm um desempenho além de seus limites?

Steve envolveu-se com este tema há 30 anos, quando se encontrou pela primeira vez com Werner Erhard, o fundador do Erhard Seminar Training e gerador de ideias e aplicações sobre transformação. Hoje, Steve é CEO do Vanto Group, trabalhou com mais de 100 mil pessoas em uma enorme variedade de áreas de negócios de mais de 20 países. Além disso, Steve é executivo e membro do Conselho da Controladora do Vanto, a Landmark Education, na qual atuou como um dos líderes na estruturação de seus programas. Até o momento mais de 1 milhão de pessoas já participaram desses programas.

Dave seguiu um caminho bem diferente. Depois de se tornar professor associado na Marshall School of Business da University of Southern California, e um dos reitores mais jovens da história dessa instituição, decidiu dedicar-se mais diretamente a fazer os negócios funcionarem. Hoje, Dave se divide entre a docência na Marshall

School of Business e a consultoria para várias das empresas listadas na Fortune 500 como sócio sênior da CultureSync.

Nós nos conhecemos há 10 anos, quando Dave convidou Steve para dar aulas em suas classes da USC. Naquela primeira reunião, Dave propôs escrever um estudo de caso que pudesse destacar o impacto dos trabalhos de Steve em aplicar a transformação ao ambiente corporativo de negócios. Ao verificar que esse estudo de caso teve uma demanda recorde, percebemos que existia uma carência muito maior do que imaginávamos em relação a essas ideias.

Nessa época, criamos um grupo de professores, executivos e consultores para examinar os impactos da transformação pessoal e organizacional. Esse grupo, que ficou conhecido como Barbados Group após sua primeira reunião, investigava situações nas quais o desempenho ultrapassava as expectativas, e então estudava as teorias que poderiam explicar esses resultados surpreendentes. Nesse trabalho, o grupo analisou os modelos descritos pela ciência do cérebro, linguística, sistemas adaptativos complexos, filosofia e muitas outras disciplinas, assim como as ideias originais do Erhard Seminar Training e da Landmark Education. Dessa pesquisa, nasceu um novo modelo de desempenho.

Após vários anos nesse processo, o Barbados Group sentiu a necessidade de compartilhar suas conclusões com um público mais amplo. Este livro é o primeiro passo em direção a esse propósito.

Dizer que estamos em dívida com nossos colegas é pouco, uma vez que tudo o que escrevemos aqui nasceu do trabalho árduo, do foco inflexível e de seu destemido compromisso em criar um modelo de desempenho que pudesse fazer diferença real nos negócios e na vida das pessoas.

Os membros do Barbados Group são: Sir Christopher Ball, patrono da Talent Foundation, e ex-conselheiro da University of Manchester; Peter Block, autor e consultor de negócios de comunidades; Allan Cohen, consultor de estratégia; Joseph DiMaggio, diretor de pesquisa e desenvolvimento da Landmark Education e ex-pesquisador de medicina do Memorial Sloan-Kettering Research Center; Werner Erhard, criador das ideias e aplicações de transformação; Bruce Gregory, do Harvard-Smithsonian Center for Astrophysics Science Education; Michael Jensen, consultor sênior da Monitor Company e professor emérito da Harvard Business School; Olga Loffredi, diretora executiva do Vanto Group Latin America; Brad Mills, CEO da Lonmin Plc.; Robert Rosen, psicólogo, autor e CEO da Healthy Companies International; Harry Rosenberg, CEO da Landmark Education Enterprises; Allan Scherr, consultor de gestão e ex-vice-presidente da IBM; Michael Zimmerman, professor e diretor do Center for Humanities and the Arts da University of Colorado, Boulder; Mark Zupan, reitor da Simon School of Business da University of Rochester; e os autores deste livro.

Este livro inclui contribuições de diferentes fontes: o Barbados Group, a experiência de Steve com a Landmark Education e o Vanto Group, as aulas de Dave, a pesquisa e a consultoria pela USC e pela CultureSync, e milhares de outras pessoas com quem trabalhamos por várias décadas.

O resultado: três leis que fornecem uma maneira concisa e elegante de elevar o desempenho muito acima do que a maioria pensa ser possível.

Introdução: O poder de reescrever o futuro

Em nosso trabalho, quando algo não está funcionando, nós nos debatemos para identificar qual parte do problema devemos resolver em primeiro lugar. Começar com redução de custos? E como lidar com o estado de espírito das pessoas? Ou devemos começar redesenhando os processos?

Em nossa vida pessoal, o dilema é o mesmo: Qual problema nós devemos atacar primeiro? Devemos melhorar as finanças domésticas? Como tornar nosso casamento mais satisfatório? Emagrecer cinco quilos? Passar mais tempo com as crianças?

Os otimistas dizem que há oportunidades em todos os lugares que olhamos. Os pessimistas dizem que tudo está mal e está assim porque os sistemas são desenhados exatamente para que os problemas não sejam solucionados, não importa quantos sejam os esforços para consertá-los.

Ao procurar solucionar um problema, podemos falhar ou ter sucesso. Se falharmos, adicionamos "frustração" a nossa lista de problemas. Se alcançarmos o sucesso, um novo problema aparece para substituir o antigo. A solução de um problema se torna o próximo problema. Cortamos 10% do orçamento, e nossos melhores profissionais ficam frustrados, experimentando a falta de suporte a projetos que são importantes para eles. Deixamos de fumar e imediatamente engordamos cinco quilos. Vamos para a academia para perder esse peso, e nossa família reclama que não passamos tempo suficiente em casa. Ficamos mais tempo em casa e nosso chefe nos pressiona que não estamos trabalhando o suficiente, que o orçamento está fora de controle. E quando temos de despedir aquela pessoa da qual não podemos abrir mão? É tamanho estresse que, antes de perceber, estamos fumando novamente.

Esse sistema em que vivemos é muito duro — trabalho, finanças, saúde, vida pessoal —, é como um cano velho: no momento em que tapamos um buraco, a pressão aumenta e um novo vazamento aparece.

As pessoas passam a vida aperfeiçoando a arte de improvisar — mais, melhor, diferente e mais rápido. Usando essa abordagem, muitos problemas parecem impossíveis de ser solucionados.

Como diz um provérbio francês: quanto mais as coisas mudam, mais permanecem iguais. Por que isso acontece?

Imagine uma empresa que não está alcançando seus objetivos financeiros, tentando vender produtos que não estão sendo comprados. Cada área dessa empresa fica lotada de pessoas que carregam seu mal-estar para casa. A insatisfação espirra na vida da família, nas crianças, nas escolas e na comunidade. Se tentarmos consertar esse problema usando remendos, podemos acabar presos ao círculo vicioso corporativo. Criar novos produtos somente para achar novos investidores. Trabalhar nos relatórios financeiros assim que os competidores lançam um novo produto que deixa o nosso para trás.

A razão pela qual consertar os problemas frequentemente não traz os resultados esperados é que a solução é apenas superficial. As dinâmicas subjacentes que perpetuam o problema permanecem intocadas.

Para cada "problema", há um futuro previsível que já foi escrito. Esse futuro inclui as premissas das pessoas, suas esperanças, medos, resignações, cinismos e as "lições aprendidas" das experiências passadas. Embora esse futuro nunca seja discutido, é o contexto no qual as pessoas procuram criar a mudança.

Se você esteve em uma empresa como a descrita anteriormente e ouviu os empregados falando sobre o futuro, provavelmente deve ter captado algo como: *Isso nunca funcionará. Estamos atolados em políticas internas e, quando lançamos um produto, ele chega dois anos atrasado, e isso não mudará. Nossos líderes não vão liderar — não é o perfil deles. Nós vamos nos perder até sermos comprados ou falirmos.*

Embora as pessoas nunca expressem o que *realmente* pensam que irá acontecer com elas do ponto de vista individual ou organizacional, vivem cada momento como se estivessem predestinadas. Os empregados se resignam a seguir os movimentos em curso, nunca se comprometendo plenamente, nunca influenciando as políticas que acreditam sustentar a organização.

Se você entrevistar os líderes dessa empresa, ouvirá palavras semelhantes a dos funcionários descrevendo o futuro de maneira parecida com: *As pessoas aqui não se importam e nunca se importarão. Nós as convidamos a dar ideias, mas elas nunca trazem algo de bom. Não temos dinheiro para substituí-las pelos melhores do mercado e assim seremos sempre uma empresa nível B nesse setor. Continuaremos a fazer o melhor que pudermos, mas, como empresa, não alcançaremos realmente o sucesso.*

Como os empregados, os líderes fazem o melhor em uma situação que está condenada à mediocridade. Eles solicitam sugestões aos empregados, assumindo que essas serão de segunda classe. Trabalham duro, mas a empresa continua a perder espaço perante a concorrência. Funcionários em todos os níveis ficam frustrados e não enxergam nada que possam fazer para ajudar.

Aqui temos dois pontos críticos. Em primeiro lugar, todos experimentam um futuro, mesmo que poucos consigam articulá-lo. Isso está além do que eles esperam, desejam ou pensam que acontecerá. Esse futuro está no nível instintivo. *Sabemos* que acontecerá, seja isso traduzido ou não em palavras. Chamamos a isso de *futuro automático*[1], e toda a pessoa tem um, assim como toda organização.

---

[1] *Future default*, em inglês, quer dizer como o futuro acontecerá se nada for feito para mudá-lo, embora a tradução direta da palavra *default* signifique "padrão". Neste livro, usaremos a expressão *futuro automático* para representar esse conceito (N.T.).

Em segundo lugar, a relação das pessoas com o futuro automático é complexa. Se alguém lhe descrevesse seu futuro automático, você poderia discordar, talvez até se zangasse ao comparar quão diferente esse futuro é em relação ao que você espera que seja. (Lembre que o futuro automático vive no nível instintivo; é subjacente ao que pensamos ou esperamos que aconteça.) Mesmo assim, você (como todos nós) vive como se o futuro fosse predeterminado. Você vive dentro de seu futuro automático, sem a consciência de que, ao fazer as coisas que faz hoje, torna esse futuro uma realidade.

Para ver essa complexidade em ação, pense em conhecidos seus que estão lidando com os mesmos problemas pessoais por anos — peso, drogas, álcool ou uma relação pessoal infeliz. Embora eles possam dizer "Eu preciso de ajuda" ou "Isso vai mudar", suas ações comprovam a recorrência. Por que é tão difícil mudar? Porque lutar continuamente com aquele problema reside no futuro dessas pessoas — às vezes vencendo, às vezes perdendo, mas lutando continuamente. Não importa quanto elas tentem mudar, ou quantos livros de autoajuda leiam, seu futuro automático tem um formato previsível.

A mesma dinâmica acontece nas organizações. Evidências estatísticas mostram que a grande maioria dos esforços de mudança fracassa. A razão dessa falta de resultados é que, independentemente dos esforços e das intervenções da liderança, o futuro automático dos empregados e desses líderes permanecem em vigor. Quanto mais mudanças acontecem, mais a situação permanece igual.

Este livro não é sobre gestão de mudança — mais, melhor ou diferente. É sobre reescrever o futuro. O resultado é a transformação de uma situação, o que leva a um dramático aumento no desempenho.

Imagine como aquela empresa do exemplo anterior pareceria se as pessoas reescrevessem seu futuro. E se fosse o seguinte: *Fizemos uma grande transformação em nossa empresa. Viemos dos últimos lugares e definimos o padrão da indústria. Trabalhamos juntos, inovamos e alcançamos o sucesso.*

Observe que não estamos falando de discursos de motivação ou mensagens que as pessoas repetem. Estamos falando de reescrever o que as pessoas *sabem* que acontecerá. Reescreva esse futuro, e as ações dessas pessoas naturalmente se transformarão, de descomprometidas para proativas, de resignadas para inspiradas, de frustradas para inovadoras. Se pudéssemos reescrever o futuro para um número crítico de pessoas, transformaríamos uma empresa desgastada em inovadora, uma cultura reativa em uma inspirada, uma estrutura de comando e controle num sistema em que todos estimulam os demais em direção ao sucesso. Esse tipo de transformação cria uma onda contagiosa: os investidores querem incentivar, as empresas querem ser parceiras, os profissionais competentes querem fazer parte do time.

Observe que tudo isso aconteceu sem que os problemas fossem o foco. Reescreva o futuro, e os problemas antigos desaparecem.

Depois de ler este livro, você saberá como reescrever seu futuro e o futuro de toda uma organização. Aplicando as ideias apresentadas, você produzirá níveis de desempenho que várias pessoas consideram impossíveis de alcançar.

Parece forçado? Este livro está repleto de exemplos dramáticos.

O poder descrito neste livro nasce do uso das Três Leis do Desempenho. Uma lei não é uma regra, uma dica ou um passo. Distingue as partes em movimento por trás de um fenômeno observável. Uma lei é invariável. Se você acredita ou não em gravidade, isso não afeta o efeito da lei sobre você.

As grandes evoluções históricas são o resultado da descoberta e da aplicação de novas leis. Pense nas três leis de Newton para o movimento: cada uma delas é profunda e interessante, mas, quando combinadas e aplicadas em conjunto, tornam-se poderosas e previsíveis.

Quando as Três Leis deste livro são aplicadas, o desempenho é transformado em um nível muito superior ao que as pessoas imaginam ser possível. Isso não acontece gradualmente, mas de uma vez, à medida que indivíduos e organizações reescrevem seu futuro.

A Parte I (capítulos 1, 2 e 3) mostra cada uma dessas Três Leis, com explicações sobre como aplicá-las. Você verá que, ao se livrar daquele peso extra que o segura, você cria um futuro para seu negócio e sua vida além do que seria previsível. Da mesma forma, você reconhecerá e transformará o que está atrapalhando tanto sua vida profissional como pessoal.

Na jornada desses três capítulos, visitaremos empresas na África do Sul, Japão, América do Sul e Estados Unidos que atuam em diferentes indústrias, como aereoespacial, energia, construção e mineração. Faremos escalas em um novo negócio de tecnologia de ponta, em uma grande empresa de petróleo brasileira e até na Harvard Business School. Veremos que as Três Leis sempre estão presentes — são princípios universais que se aplicam sempre que qualquer ser humano se envolve em qualquer tipo de esforço. Veremos os resultados de compreendê-las e aplicá-las: uma dramática melhoria de desempenho.

A Parte II (capítulos 4 e 5) observa a liderança sob o ponto de vista das Três Leis. Essa seção identifica os princípios críticos da liderança e como aplicá-los nas organizações. Também analisamos as novas fronteiras organizacionais: trabalhar efetivamente no mundo em desenvolvimento, criar sustentabilidade em comunidades e gerar expansão da riqueza tanto no âmbito material como no bem-estar das pessoas. Essa parte é direcionada a pessoas interessadas em liderança organizacional. Se você estiver interessado em uma aplicação pessoal, deve pular para a terceira parte do livro.

A Parte III (capítulos 6, 7 e 8) trata do lado pessoal da liderança. O capítulo 6 mostra como aplicar as Três Leis a sua vida — e no processo de expandir sua liderança. O capítulo 7 aprofunda o caminho para aplicar as Três Leis com maestria. O capítulo 8 traz orientações sobre como colocar essas novas ideias em prática.

Este livro não é um estudo acadêmico, apesar de suas conclusões se basearem em linhas de pesquisas bem definidas. Nossa intenção é apresentar essas leis e mostrar como sua aplicação pode aumentar o desempenho. Quase todos os exemplos vieram de casos em que nós e nossos colegas nos envolvemos pessoalmente. Nós estivemos lá, nós os vimos acontecer e agora queremos compartilhá-los com você.

Ao ler este livro e aplicar as Três Leis, você fará mais do que consertar seus problemas. Você encontrará o poder de reescrever seu futuro.

PARTE I

AS 3 LEIS
EM AÇÃO

1
Transformando uma situação impossível

Duas horas a noroeste de Johannesburgo, logo após a rodovia Platinum, há uma escavação arqueológica abandonada, com uma placa dizendo "Berço da Humanidade". As comunidades dessa região são a base das operações das minas de platina da Lonmin Plc., o terceiro maior produtor mundial desse precioso metal. Nessas nove comunidades e cinco vilas externas de trabalhadores, com um total aproximado de 300 mil habitantes, encontram-se várias pessoas que lutaram e ainda lutam pela visão de uma nova África do Sul, criada com a liderança de Nelson Mandela. Nesse lugar remoto, menos de dez anos após o fim do apartheid[1], aconteceu uma conversa que mostra o poder da 1ª Lei do Desempenho apresentada neste capítulo.

Antoinette Grib, uma sul-africana branca e gerente sênior da Lonmin, conversava com um grupo de aproximadamente cem pessoas quando uma anciã da comunidade levantou, a interrompeu e insistiu em dizer algo para ela. A mulher, Selinah Makgale, começou: "Antoinette, tenho um assunto para tratar com você".

---

[1] Apartheid foi um sistema de segregação racial estabelecido oficialmente na África do Sul em 1948 pelo Partido dos Nacionalistas, que representava os interesses das elites brancas. O sistema trouxe a abolição de direitos políticos e sociais juridicamente codificados, classificando a população de acordo com o grupo social ao qual pertenciam. Sua queda em 1990 deu-se devido a pressões da ONU e da Organização da Unidade Africana, bem como às intensas revoltas sociais durante as décadas de 1970 e 1980 (N.T.).

O choque de Antoinette Grib foi óbvio. Ela disse: "Mas eu nem a conheço".

Selinah continuou: "Sim, eu não a conheço pessoalmente, mas você é uma mulher sul-africana branca, e eu tenho um problema com mulheres sul-africanas brancas. Quando eu tinha 13 anos, meus pais me comunicaram que eu deveria trabalhar como empregada na casa dos africanos brancos que eram proprietários da fazenda onde trabalhávamos. Eu era como uma escrava, não ganhava nem um centavo por meu trabalho. A dona da casa era muito, muito má comigo. Passar por aquele ano foi difícil. E tenho odiado as sul-africanas brancas desde então".

Selinah Makgale parou um pouco e depois continuou: "Peço desculpas, pois, apesar de eu não a conhecer, tenho estado aqui sentada há dias odiando você e todas as outras como você. Você provavelmente nem havia nascido quando isso aconteceu".

Antoinette Grib sorriu e disse "Não, eu não havia nascido".

Depois de mais um momento de reflexão, Selinah finalizou dizendo: "Por favor, aceite minhas desculpas — você e todas as outras sul-africanas brancas aqui presentes. Peço desculpas por ter feito de vocês pessoas inexistentes para mim e por ter odiado vocês".

Algumas pessoas ficaram sérias, outras pareciam estar lembrando o passado. Algumas balançaram a cabeça. Todos ficaram visivelmente tocados pela coragem e intenção de Selinah Makgale em fechar um capítulo de seu passado.

A gerente fez o movimento seguinte, dizendo:

Selinah, vejo que meus cabelos louros e meus olhos azuis representam para você algo que lhe causou enorme sofrimento há tantos anos. Peço seu perdão pelos erros cometidos por pessoas como eu... Acho que temos sorte por viver num país agora, desde 1994, onde podemos evoluir e viver juntos. Eu lhe ofereço meu apoio para você ter essa raiva completamente resolvida. Se você quiser, vou com você visitar a mulher que a tratou tão mal e ver se há algo que possa ser feito. Podemos tentar isso.

Ambas as mulheres começaram a chorar, uma idosa, pobre e negra, e uma jovem, rica e branca. Selinah respondeu: "Sim, eu quero fazer isso. Muito obrigada. Espero que possamos construir um futuro melhor". O grupo ao redor comemorou.

Se essas duas pessoas trabalhassem juntas todos os dias, que diferença essa conversa faria no desempenho de ambas?

E se conversas como essa fossem mais comuns em sua empresa, família e vida?

Em parte porque interações como essa são frequentes ao redor da Lonmin, o relacionamento com a comunidade é positivo, o que é incomum. Dentro da Lonmin, as conversas não possuem os ruídos de fofocas e distrações, que são comuns no mundo dos negócios. As pessoas agem com um foco maior, mais colaboração e menos distração.

A Lonmin elevou seu desempenho.

Este livro é sobre desempenho e as Três Leis que o governam. Nas páginas a seguir vamos pedir que você pense de formas diferentes, para examinar concepções antigas e explorar novas formas de lidar com situações antigas. Se você fizer isso, nossa promessa é uma ruptura e uma nova fase no desempenho de sua organização e de sua vida.

Algumas vezes, convidaremos você a pensar, investigar, refletir, e, em alguns casos, a discutir alguns tópicos com outras pessoas. Tudo bem pular seções e voltar a elas mais tarde quando isso for conveniente. Porém, lidar com estas seções em algum momento trará benefícios para você.

Para começar, é útil que você escolha uma situação de seu negócio ou de sua vida que se beneficie com uma ruptura, um aumento expressivo no desempenho. O que você selecionar pode não representar de imediato um desafio de desempenho, como reclamações a respeito da cultura de sua empresa, ou dificuldades em implantar novas iniciativas, ou apenas conflitos de relacionamento no trabalho ou em sua vida.

Pode ser algo simples como um compromisso que nunca se realiza, uma decisão que você toma a cada ano novo e jamais se concretiza.

Mas se você se perguntar "Por que eu deveria importar-me em resolver esse assunto?", verá que esse assunto se relaciona com produzir resultados e cumprir compromissos, ou seja, a gerar desempenho. Quanto mais o assunto que você escolher for relevante, mais você poderá tirar proveito das seções a seguir.

> ## A 1ª LEI DO DESEMPENHO
> O desempenho das pessoas está correlacionado a como as situações ocorrem[2] para elas.

A 1ª Lei responde à questão: "Por que as pessoas fazem o que fazem?". Apesar de existirem inúmeros livros, teorias e modelos sobre esse tema, a maioria explica o comportamento, mas não como o comportamento altera o desempenho. A 1ª Lei, no entanto, fornece a alavanca sobre a qual este livro se desenvolve. Considere que, por um lado, quando *eu* faço algo, faz total sentido para *mim*. Por outro lado, quando *outra pessoa* faz algo, nós frequentemente nos perguntamos: "Por que ela está agindo assim? Não faz sentido!". Porém, se pudéssemos entrar no mundo dessa pessoa e enxergar como a situação ocorre para ela, perceberíamos que a ação que questionamos antes era a coisa absolutamente perfeita e correta para aquela pessoa fazer, dado como a situação ocorria para ela. Cada pessoa assume que a maneira como as coisas ocorrem para si é igual a como ocorrem para a outra pessoa. Mas as situações ocorrem de forma diferente para cada pessoa. Não reconhecer isso faz com que as ações dos outros pareçam fora de contexto.

Mas o que queremos dizer exatamente com *ocorrer*? Queremos dizer algo além da percepção e da experiência subjetiva. Queremos di-

---

[2] O verbo *ocorrer* (*to occur*), neste livro, traz um significado além de apresentar-se, parecer ou acontecer. O uso específico do verbo *ocorrer* enfatiza a percepção e a interpretação que damos às situações que acontecem ao nosso redor (N.T.).

zer que a realidade ocorre em função da perspectiva da situação. De fato, sua perspectiva é, por si só, parte de como o mundo ocorre para você. "Como uma situação ocorre" inclui seu ponto de vista do passado (por que as coisas são do jeito que são) e do futuro (para onde tudo está caminhando).

Embora certamente haja fatos que explicam como e por que as coisas são o que são, esses fatos são muito menos relevantes para nós se comparados com como as coisas na realidade ocorrem para nós. A 1ª Lei rejeita o senso comum das ações — as pessoas fazem o que fazem em determinada situação porque há uma compreensão comum dos fatos.

O que dá à 1ª Lei potencial para alterar o desempenho é seu relacionamento com as outras duas leis. Apesar do risco de estarmos adiantando-nos, mostraremos nos dois capítulos seguintes que a "forma que uma situação ocorre" para as pessoas, e seu desempenho correlacionado, pode ser alterada pelo uso específico da linguagem.

Considerando-se as diferentes posições que pessoas bem informadas e inteligentes assumem perante uma situação, há uma diferença significativa entre os fatos objetivos de um assunto e como esses fatos ocorrem para cada um de nós. Novamente, não estamos dizendo que não haja um "mundo real". Estamos apenas descrevendo que nossas ações se relacionam com a forma pela qual o mundo ocorre para nós, não ao que é na realidade.

Quando as pessoas se relacionam umas com as outras considerando que cada uma está lidando com o mesmo conjunto de fatos, elas na verdade estão lidando com uma *ilusão da realidade*. Para ver a ilusão da realidade em ação, pense numa pessoa com quem você não está satisfeito no momento, talvez alguém com relação a quem você possui reservas há anos. Pense nas palavras que descrevem essa pessoa.

Você pode pensar "egocêntrico", "não escuta", "teimoso" e "irracional". Você pode estar disposto até a jurar sobre uma pilha de bíblias que essas palavras são as que melhor descrevem tal pessoa. Porém, observe que você descreveu como essa pessoa *ocorre* para você.

Como ser humano, podemos não reconhecer que a maneira como a situação ocorre para nós é apenas *uma* das maneiras. Para nós, o que vemos é a realidade.

Considere então: Como aquela pessoa descreveria você? Ou, nos termos que usamos aqui, como você está ocorrendo para ela? Talvez as palavras sejam "teimoso", "bravo" e "rancoroso", talvez outras. Ao pensar nisso, frequentemente nos damos conta que temos pouca experiência em saber como nós ocorremos para os outros.

Não estamos sugerindo que você ou ela estão certos ou errados, mas apenas mostrando a ilusão da realidade em ação. Nenhum de nós vê as coisas do jeito que são, mas do jeito que ocorrem para nós.

Antes da conversa das duas mulheres na África do Sul, Antoinette Grib ocorria para Selinah Makgale como indigna de confiança, gerando raiva e rancor.

O que aconteceu naquela conversa é que Selinah identificou e alterou como Antoinette ocorria para ela. Ao fazer isso, suas ações em relação à gerente mudaram, de uma raiva gelada para a possibilidade de uma amizade. A 1ª Lei diz como uma situação, ou neste caso como uma pessoa ocorre, caminha lado a lado com a ação. As ações incluem e envolvem uma promessa de ação futura.

Considere os assuntos de sua vida, aquelas áreas que não estão funcionando muito bem. Considere assuntos do trabalho e de casa. Pense no desafio de desempenho que você identificou há pouco. Você estará dando um grande passo ao transformar esses assuntos — não simplesmente tentando mudá-los — se reconhecer que não está enxergando as coisas como elas realmente são. A ilusão da realidade tentará convencê-lo que você está. Mas, como todos nós, o que parece a realidade é somente como a realidade ocorre para você.

A 1ª Lei então diz que existem dois elementos: desempenho e como uma situação ocorre. Estes dois elementos estão perfeitamente casados, *sempre*, sem exceção.

A 1ª Lei e o futuro

Outro empregado da Lonmin é Laolang Phiri, que vive na comunidade próxima a Marikana.

Laolang, forte e com peso médio, parece um jogador de futebol de defesa. Tem olhos brilhantes e uma orgulhosa barba. Seu espírito aberto está em perfeito contraste com suas origens locais, uma favela onde, até hoje, 40% da população está desempregada e 80% vive em choupanas.

Quando a maioria das empresas de mineração abriu suas minas décadas atrás, começaram uma prática que permanece padrão até hoje: contratar empregados de outros países — Zimbábue, Moçambique e Zâmbia. É comum para esses empregados estrangeiros deixar a família por meses seguidos e viver em pensões masculinas ou femininas. Alguns vivem na "escuridão", permanecendo durante o dia inteiro a 1.000 metros de profundidade e retornando à superfície à noite.

Um acontecimento muito comum são os homens acabarem consumindo drogas e bebidas alcoólicas, e recorrendo a prostitutas. Até recentemente, o governo tomou providências pouco efetivas contra a aids, e a doença já proliferava na comunidade. Dos 25 mil empregados da Lonmin, 25% eram HIV soropositivos e 67 empregados haviam morrido por causa de doenças relacionadas com a aids em 2005.

Em uma de nossas visitas, entramos no ambiente de trabalho de Laolang por intermédio de cadeiras suspensas em que estávamos montados como num cavalo. Em vez de subir, descemos a um ângulo de 30 graus em direção às profundezas da terra. À medida que descíamos, a escuridão tomava conta de nós. Atrás vinha uma fila de trabalhadores, um por cadeira, alguns fumando, e visíveis apenas pela luz de seus capacetes com lanternas. O ar era quente por causa das explosões de escavação e também úmido por causa da água usada no resfriamento das brocas de perfuração, e podíamos sentir o desagradável odor dos explosivos. A área era iluminada com um fio com lâmpadas penduradas, em quantidade suficiente para que os trabalhadores não tropeçassem nas máquinas distribuídas nos acessos das minas. Esse era o mundo de Laolang: fazer isso diariamente, por vários anos, longe de sua família. Não era de admirar que Laolang, como muito de seus colegas trabalhadores, estivesse frustrado e zangado com sua qualidade de vida, culpando os gestores da mina.

"O sindicato dizia que os gestores os consideravam somente ferramentas", ele nos disse. "Não nos sentíamos como pessoas, mas como coisas que eram trazidas para trabalhar e que eram substituíveis. Os gerentes agiam como 'Nós somos os donos desta mina e não seremos pressionados pelas ferramentas'."

"Eram negros contra brancos todo o tempo", ele continuou. "Se for negro, você é um trabalhador. Se estiver numa posição sênior, você é branco. E se por acaso algum negro assumisse uma posição sênior, ou ele tinha se vendido ou se tornado branco", disse rindo.

"Sentíamos que os sindicatos dos brancos conseguiam qualquer demanda que fizessem, e realmente tínhamos um problema com isso", disse, com seu sorriso desaparecendo lentamente. Laolang parou, cerrou os dentes e resumiu: "Eu estava com raiva o tempo todo. Sabia que o futuro seria uma luta constante". Laolang canalizou seus sentimentos em ação, tornando-se um representante do sindicato.

Laolang não estava só nessa batalha. Em 2004, uma equipe de pesquisadores de uma universidade local estudou como a Lonmin era percebida pelas comunidades que a rodeavam e concluíram que a mina era uma bomba-relógio de fúria social.

Em função de como as situações ocorriam para Laolang, seu futuro já estava escrito, assim como o de seu sindicato, de sua comunidade e de seu empregador. O futuro seria uma constante disputa, uma luta por dignidade e pagamento justo. Seria assim até o dia de sua morte, da mesma forma que havia sido por gerações na África do Sul.

O futuro já estava escrito, pois, como diz a 1ª Lei, o desempenho das pessoas sempre está correlacionado a como as situações ocorrem para elas. Até a mudança de como a situação ocorria, tal qual aconteceu com as duas mulheres citadas no início deste capítulo, o futuro fica estabelecido, e as ações das pessoas acontecem na direção exata para fazer aquele futuro acontecer.

Uma surpreendente mudança de eventos

Em 2004, a vida de Laolang cruzou com uma pessoa de um mundo bem diferente do seu: Brad Mills, o recém-empossado CEO da Lonmin. Descendente direto da família Vanderbilt, Mills estava determinado a deixar sua marca no mundo. Depois de ter estudado geologia e economia em Stanford, tornou-se um geólogo de exploração em busca de minérios em áreas remotas do mundo. Agora com seus 50 anos de idade, 2 metros de altura, cabelos escuros e uns poucos fios grisalhos, e uma conduta do tipo Indiana Jones, seus olhos brilham quando ele fala sobre a Lonmin tornando-se um modelo de transformação da África do Sul.

Mills se preocupava com a forma pela qual trabalhadores como Laolang, habitantes e representantes tribais oficiais enxergavam a mina. Ele enfrentava problemas com sua equipe executiva, que estava resignada à visão de que *a África é assim* ou à cínica justificativa de que *O último que sobreviver, vence.*

Ele temia que alguns dos sindicatos, incluindo o de Laolang, assumissem uma posição bem dura nas negociações seguintes.

A estratégia de Mills era lançar uma série simultânea de iniciativas de mudança. Ele introduziu poderosos programas de gestão como o *Six Sigma* e um sistema ERP[3]. Reestruturou os procedimentos de segurança implantando a tecnologia da DuPont. Também trouxe consultores com quem já trabalhara no passado para avaliar o que poderia ser feito para transformar uma complexa pauta de assuntos.

Os problemas eram tão amplos que outro CEO teria abandonado o projeto. Os consultores disseram que, em 2004, havia não somente silos organizacionais, mas também subsilos. Praticamente

---

[3] ERP (Enterprise Resource Planning) é um sistema de informação que integra todos os dados e processos de uma organização em uma única arquitetura de sistemas (N.T.).

ninguém pensava a Lonmin de uma perspectiva ampla. Os resultados de curto prazo estavam comprometidos. Não havia processos de liderança. As estruturas de equipes e de comunicação não tinham rigor e consistência, o que se agravava pelo fato de os trabalhadores se comunicarem em seis diferentes línguas. As pendências com a comunidade, como havia sido apontado pelo estudo da universidade, estavam prestes a explodir. Os custos eram crescentes; os índices de segurança, cada vez piores (houve seis mortes nas minas no ano anterior); o absenteísmo crescia; e a comunidade local lidava com um desemprego de 40% e com uma epidemia de HIV.

A situação de Mills era terrível, se não impossível. Como ele nos disse: "Se não nos movêssemos em todas as frentes, não seríamos mais tolerados pela comunidade". Mills prometeu aos mercados financeiros (as ações da Lonmin eram negociadas na bolsa de Londres) que a situação seria contornada, e os analistas e investidores estavam observando com muita atenção. "Tínhamos de fazer tudo ao mesmo tempo", ele disse, "mesmo que a maioria das pessoas dissesse que não conseguiríamos."

Mills, Laolang e toda a Lonmin estavam em rota de colisão, em direção ao *futuro automático*, o futuro que aconteceria a não ser que alguma coisa dramática e inesperada acontecesse. O futuro automático é uma função de como as situações ocorrem para todas as pessoas envolvidas. A não ser que acontecesse uma mudança de como a situação ocorria para milhares de pessoas, as chances estavam contra a Lonmin. Uma vez que a maioria dos esforços de gestão não considera como as situações ocorrem, a maioria deles não é bem-sucedida — 73% dos esforços de mudanças falham[4] e 70% das novas estratégias não atingem as expectativas[5]. O futuro automático é muito forte para

---

[4] Corboy, Martin e O'Corrbui, Diarmuid. The Seven Deadly Sins of Strategy [Os sete pecados mortais da estratégia]. *Management Accounting* 77, nº 10, 1999, pp. 29 a 33.

[5] Pellettiere, Vincent. Organization Self-Assessment to Determine the Readiness and Risk for a Planned Change [Autopesquisa organizacional para determinar a prontidão e o risco de uma mudança planejada]. *Organization Development Journal.* Winter 2006, vol. 24-4, pp. 38 a 44.

que seja evitado por boas intenções, sistemas sofisticados ou novos esforços de gestão.

Pare por um momento e pense nas situações de seu trabalho e de sua vida que não estão funcionando. Provavelmente essas situações não são tão dramáticas como as de Mills, mas podem ser igualmente problemáticas. Há alguma pressão em você ou em sua organização, algo que necessite uma ação urgente?

Considere as dificuldades de alcançar o desempenho que você identificou. Essas dificuldades são recorrentes? Você ou outros se sentem num beco sem saída? Observe que seu futuro, como o da Lonmin, já está escrito. Ele é uma parte essencial de como as situações ocorrem para você e para as pessoas envolvidas. A não ser que você altere como essas situações ocorrem, o futuro automático está movendo-se rapidamente em sua direção.

A necessidade de algo novo

Michael Jensen, membro do Barbados Group e professor emérito da Harvard Business School, sugere que os negócios precisam de novos modelos para melhor compreender como as pessoas desempenham. Os modelos atuais dizem que as pessoas se comportam de acordo com seus ativos mentais — habilidades, inteligência, emoções, crenças, valores, atitudes e conhecimento. Não é de admirar que o desenvolvimento das pessoas numa organização é relegado à área de treinamento com uma função apenas acessória nos processos de melhoria.

Se Mills fosse seguir a abordagem tradicional, ele estaria trabalhando para garantir que Laolang (e seus 25 mil companheiros de trabalho) tivesse os incentivos adequados e participasse de treinamento para melhorar suas habilidades. Cartazes com frases atrativas seriam pregados em todos os lugares.

Mills, em poucas palavras, faria todo o esforço para motivar e treinar Laolang até que seu comportamento e o de seus colegas mudassem.

Dada a realidade de qual era a visão de mundo de Laolang e de seus companheiros, essa abordagem falharia. Não somente os resultados desejados não seriam alcançados, como ficaria mais evidente que a gestão da empresa era manipuladora, considerando os empregados apenas como ferramentas.

Depois de analisar suas chances, Mills concluiu que realizar uma série de mudanças, de forma consecutiva e linear, não levaria ao sucesso; sua melhor aposta seria transformar tudo de uma vez — para reescrever o futuro da empresa e de todos os seus líderes, empregados e habitantes das comunidades locais.

Para Laolang e vários outros trabalhadores, o ponto mais importante era que a empresa lhes ocorria como hostil, com todo o poder concentrado em poucas pessoas e acreditando que os funcionários eram meras ferramentas.

Notem a ilusão da realidade em ação. À medida que as situações ocorriam dessa forma para os trabalhadores da Lonmin, suas ações seriam defensivas: na melhor das hipóteses, passivamente resistentes, e, no pior dos casos, desafiadoras e homicidas. De qualquer forma, suas ações resultariam num desempenho fraco. Por menos ou mais que as pessoas gostassem, esse era seu futuro.

Nenhum conjunto de treinamento, desenvolvimento de habilidades ou cartazes motivacionais muda a forma pela qual as situações ocorrem para as pessoas. Na verdade, cada uma dessas "soluções" simplesmente se tornaria um reforço a mais para que Laolang continuasse a enxergar o mundo exatamente como enxergava. O mesmo é verdade para cada um de nós.

Outras situações impossíveis

Lonmin é um caso tão extremo que é fácil dizer que ele não é relevante para nós. Para perceber a universalidade da 1ª Lei, vamos mudar para a Northrop Grumman e sua operação aeroespacial na Califórnia do Sul em 2001. Apesar de ser um mundo completamente diferente da Lonmin na África do Sul, dinâmicas similares estavam acontecendo. Na Northrop Grumman, cientistas, engenheiros e gerentes seniores lidavam com circunstâncias bem diferentes, mas, da maneira que ocorriam, configurava uma situação igualmente desafiante. Para continuar crescendo, a empresa precisava entrar em novos mercados, como veículos orbitais reutilizáveis e sistemas de exploração espacial. No entanto, todo o histórico e competência da organização estavam no desenvolvimento de tecnologia de defesa, como bombardeiros e aviões de batalha. Seu último grande contrato de voo espacial tripulado havia sido o módulo lunar da Apollo na década de 1960. Como os executivos com esse comprometimento conseguiriam atrair pessoas para desenvolver um plano que demandava novos estilos e tecnologia, especialmente se não havia nenhuma garantia de que isso daria certo? A 1ª Lei nos diz que, no mínimo, é necessário alterar como uma oportunidade de mercado ocorre para as pessoas. Caso se apresente como improvável, as pessoas agirão de forma desinteressada, precavida, talvez cínica e resignada. Se essa oportunidade de mercado ocorrer como viável, importante e compensadora, as pessoas colocam um esforço adicional para alcançá-la.

Na Northrop Grumman, 70 pessoas, usando as ideias deste livro, mudaram a forma pela qual essa oportunidade de mercado ocorria para elas e, a seguir, transferiram essa mudança para os demais trabalhadores. Quando isso aconteceu, o desempenho das pessoas mudou e a Northrop Grumman passou a ser considerada viável pela Nasa como um dos principais fornecedores de voos espaciais tripulados.

Considere outro exemplo, agora na América do Sul: a Petrobras, uma das maiores empresas de petróleo, gás e energia do mundo. No final de 1997, o monopólio de petróleo terminou no Brasil, desafiando a Petrobras a ser competitiva em um mercado aberto e levando-a a criar sua Agenda de Mudança. Parte desse projeto envolveu a implantação de um sistema ERP substituindo ou integrando a maioria de seus mais de mil sistemas.

Uma equipe de mais de 650 pessoas da Petrobras e de empresas de consultoria estruturaram-se para trabalhar na implantação desse projeto, que representou uma das maiores e mais complexas implantações de sistemas ERP naquela época. Esse projeto se chamou Sinergia, e seu lema era: "Estamos construindo uma nova história de sucesso para a Petrobras".

À medida que o projeto evoluiu, a equipe deparou com vários desafios complexos. No final de 2001, logo antes da primeira tentativa de implementação, o governo brasileiro mudou radicalmente a regulamentação de impostos envolvendo petróleo e gás, criando uma enorme dificuldade no sistema. A primeira tentativa de operação teve de ser adiada por meses. Tensão, desconforto e problemas de comunicação entre as equipes e os executivos começaram a transformar o projeto em uma verdadeira calamidade.

Nesse ambiente, questões do passado entre os consultores externos e as pessoas da Petrobras começaram a sair do controle, afetando tanto a produtividade como o clima do grupo. As pessoas tornaram-se céticas quanto à possibilidade de sucesso da iniciativa dentro do novo prazo estipulado. Havia também muita coisa em jogo para os profissionais envolvidos no projeto. Em um instante, o conflito cresceu entre os consultores do projeto, executivos e gerentes, afetando negativamente a capacidade do time do projeto em seguir adiante.

A 1ª Lei explica por que as pessoas ficaram travadas. A implantação começou a ocorrer como infrutífera e de alguma forma ameaçadora para as pessoas. Suas atitudes correlacionavam à maneira como a situação lhes ocorria, e as conversas entre os membros da equipe pararam de acontecer.

Em resposta à pressão para fazer algo acontecer, o gerente do projeto, Jorge Mattos, decidiu contratar a empresa de Steve, agora chamada Vanto Group. Mattos compreendeu que estava faltando um fator crítico de sucesso: alinhamento sobre compromissos-chave. Os colegas de Steve começaram um programa para os 80 principais líderes envolvidos no projeto. Durante três dias e meio, Mattos e os gerentes conseguiram deixar para trás disputas e conflitos antigos, focalizando o mesmo quadro.

Mattos refletiu sobre essa época e numa entrevista recente nos disse: "Tínhamos muitas pedras em nosso caminho. Não somente havia enorme pressão sobre nós, mas a maneira como fazíamos as coisas no passado não estava mais funcionando. Precisávamos ter uma nova visão sobre nós mesmos e sobre o que era possível. A forma pela qual passamos a encarar o projeto mudou, e, quando fizemos isso, uma onda de excitação e energia tomou conta do grupo. Foi realmente uma ótima surpresa — as pessoas não pareciam as mesmas quando deixamos o programa". Como um time, eles se comprometeram com o sucesso do grupo e não somente com os objetivos pessoais a serem alcançados. Criaram um cronograma e um novo conjunto de compromissos para a nova data de lançamento da operação do sistema, os quais não poderiam ter sido alcançados no ano anterior. A transformação começou quando a situação deixou de ocorrer quase impossível e passou a ocorrer exequível . Como a 1ª Lei declara, quando a forma de ocorrer uma situação se altera, as ações também se modificam. A equipe atingiu seu objetivo, lançando o sistema com sucesso no dia 1º de julho de 2002.

Antes de voltar à Lonmin, vamos analisar mais detalhadamente o desafio de desempenho que você escolheu. Como essa situação lhe ocorre? Como ocorre às outras pessoas envolvidas?

O que, pelo menos, você tem tentado fazer para mudar essa situação? Onde a mudança funcionou? Onde falhou? Alguns desses esforços alteraram como a situação ocorria para você e para os demais envolvidos?

Por mais que isso pareça estranho, a maioria dos esforços de mudança acaba *reforçando* a maneira como uma situação ocorre. Pense em alguém tentando perder peso. Para essa pessoa, o peso parece ser *um problema que eu posso corrigir*. Ela procura a solução para o problema, como uma dieta, por exemplo; inicia essa dieta e para no meio. Agora, seu peso parece ser *um problema cuja solução requer mais força de vontade do que eu possuo*. Porque suas ações estarão relacionadas à maneira como a situação ocorre, ele desiste, resignado com a dura realidade de que seu peso será sempre o mesmo.

A maioria das empresas está presa no mesmo ciclo: elas resistem a um problema ao tentar corrigi-lo e, quanto mais se esforçam, mais o problema se intensifica. As empresas normalmente procuram reduzir custos monitorando-os e cortando despesas. Se isso for realizado no modelo de comando e controle, os gestores ocorrerão aos empregados como *não confiáveis* e *pouco preocupados*. A resposta natural é que os empregados se defendem. A situação torna-se mais frustrante à medida que os empregados se esforçam menos, o que agrava a situação financeira.

O princípio que está operando aqui é: *tudo a que você resiste, persiste*. Se você puder identificar qualquer situação na qual você está resistindo a seu desafio de desempenho, perceberá que provavelmente ela está reforçando o problema para você e pessoas envolvidas — quanto mais você luta, mais forte o problema fica.

Voltaremos a esses casos e como lidar com eles nos capítulos 2 e 3, porém boa parte da resposta é reconhecer que o que impede você de seguir antes é como a situação lhe ocorre, e que, ao tentar mudá-la, você pode alcançar o oposto do que desejava.

Levando a transformação para a comunidade

Voltando à Lonmin, o desafio de Mills era criar o tipo de transformação que havia acontecido na Northrop Grumman e Petrobras, porém numa escala que nunca havia sido tentada antes. Ele percebeu que os benefícios em confrontar o futuro automático valiam a pena. O ponto-chave era mudar como a situação ocorria para as diferentes partes interessadas[6], mas de uma maneira bem rápida. Seguindo as orientações de consultores treinados nas Três Leis, ele decidiu convidar as pessoas críticas ao sucesso da transformação na Lonmin para uma reunião inicial, independentemente de sua animosidade ou adversidade.

---

[6] Partes interessadas envolvem, além de clientes, proprietários e empregados, outros grupos que têm interesse e correm algum tipo de risco nas atividades da organização, como fornecedores, comunidades próximas, governo e meio ambiente em que as operações estão instaladas (N.T.).

Mills e seu time chamaram cem líderes da empresa, das tribos, dos sindicatos e da comunidade para uma reunião de dois dias.

Mills decidiu fazer a reunião no local onde a maioria dessas partes interessadas vivia, ou seja, na comunidade de Wonderkop, uma ampla cidade com barracos e ruas sujas, lotada de hospedarias para mineiros. Seus assessores discordaram totalmente, temendo pela segurança pessoal dos participantes. Como vários habitantes da comunidade nos disseram depois, "os executivos brancos nunca tinham vindo aqui antes".

Pessoas de todos os segmentos da empresa e da comunidade apareceram. Alguns representantes dos sindicatos vieram com roupas de mineiros, outros com roupas africanas tradicionais. Alguns usavam *jeans*, e outros vieram muito bem vestidos com seus melhores adornos. Executivos, vestidos de forma casual, chegaram num ônibus, com medo de deixar seus carros nos arredores. Pessoas influentes e ricas trouxeram seus carrões caros e caminharam pelas ruas de cascalho com roupas impecáveis. Outros chegaram suando depois de andar quilômetros para participar da reunião. "Não entendíamos o que estava acontecendo", Mills disse mais tarde. "Eu nunca havia visto algo semelhante."

A boate local era o único local de Wonderkop grande o suficiente para a reunião. Os empregados da Lonmin cobriram as luzes da discoteca, colocaram cortinas sobre o bar e instalaram um telão para ser usado nas apresentações por computador. Cabos de força cruzavam o chão para levar energia aos computadores e projetores. Os banheiros receberam uma faxina e foi instalado um sistema de ar-condicionado, que quebrou na primeira hora de uso. Embaixo do sol de verão africano, a sala chegou rapidamente aos 38 ºC.

Mills iniciou a reunião apresentando-se como o novo CEO da Lonmin. "Eu sei que há muitas coisas quebradas — e eu quero ouvir sobre elas, para que possamos consertá-las juntos", disse de forma contundente, apesar de gaguejar um pouco por causa da excitação. "Mas estou aqui realmente comprometido com o sucesso de vocês, o sucesso da mina e o bem-estar das famílias e comunidades. Há muito tempo cheguei à conclusão de que eu queria participar de um jogo tão grande cuja contribuição se perpetuaria para além de minha vida."

Ele continuou: "Convidei vocês para esses dois dias para explorarmos juntos o que poderíamos criar se trabalhássemos todos juntos de uma nova maneira. Obviamente sou americano, trabalho para uma empresa inglesa e não conheço todas as dificuldades que vocês enfrentaram, apesar de ter lido extensivamente a respeito. Sei, porém, que compartilhamos uma coisa em comum: nossa humanidade. Se trabalharmos juntos como seres humanos, poderemos criar algo muito significativo".

Mills contou que, antes da Lonmin, havia trabalhado para empresas que fizeram diferença para as pessoas da comunidade no entorno, e dessa forma essas empresas também obtiveram melhores resultados. A seguir, disse que, baseado nessas experiências anteriores, a primeira tarefa era que as pessoas ouvissem e aprendessem sobre o mundo em que os outros viviam. Feito isso, as pessoas poderiam decidir se assumiriam o compromisso de criar algo novo.

Assim, Mills perguntou: "O que vocês querem que eu saiba que não está funcionando?". As pessoas discutiram superlotação, aids, desemprego, violência, ruas inseguras por falta de iluminação pública, ódio entre sindicatos, e como os gestores não se importavam com os trabalhadores.

Um homem veio à frente, pegou o microfone e disse: "Brad, você sabe o que nos faria mostrar que isso é sério? Durma numa hospedaria com 12 mineiros, e aí entenderá como é a nossa vida".

Mills respondeu imediatamente: "Eu prometo que farei isso", e escreveu essa promessa num *flip chart*, num silêncio que permitia ouvir o som da caneta enquanto escrevia. Ao colocar a caneta no descanso, as paredes da boate tremeram com os aplausos dos presentes, apesar de muitos na sala terem certeza de que ele não faria isso. "Nenhum CEO jamais esteve aqui antes, e nenhum deles dormiria aqui", um participante nos disse depois.

Naquela noite, Lonmin organizou um jantar e uma festa. Enquanto os participantes dançavam e bebiam, vários executivos brancos disseram: "Eu não sabia como as coisas são ruins por aqui", à medida que seus olhos passavam rapidamente por construções precárias e a pouca iluminação nas ruas.

O segundo dia começou com os participantes reconhecendo Mills e a Lonmin por demonstrarem um novo nível de vontade em lidar com o que não estava funcionando (incluindo o ar-condicionado quebrado). Uma senhora africana de cabelos brancos, residente da comunidade, disse: "Eu realmente não posso acreditar que você está aqui e que está de fato nos ouvindo". Um representante do sindicato dos brancos declarou: "Estou começando a reconhecer que talvez haja algum caminho para trabalharmos juntos". Um senhor londrino alto, executivo de negócios, claramente emocionado, completou: "Reconheço que eu vivia num casulo, desconhecendo o que se passava aqui... e eu me comprometo a agir de forma diferente no futuro".

Quando as emoções voltaram ao normal, Mills lançou a próxima questão: "O que acontecerá se não encontrarmos uma nova forma de trabalhar juntos?". E a próxima: "Como saberemos que futuro nos espera?". Se nada mudar, o futuro será parecido com o passado. Ele começou a lembrar as estatísticas dos últimos anos: "Dezesseis pessoas morreram nas minas no ano passado... e, se melhorarmos um pouco, somente 14 morrerão... porém isso ainda representa mais mortes do que desejamos".

E outro participante disse: "E 70 pessoas provavelmente morrerão de aids".

Outros entraram na conversa: "Haverá uma greve", "Acontecerão assaltos e mortes nas ruas" e "A caldeira explodirá novamente", referindo-se à recente explosão que reduziu o valor das ações na Bolsa. Um dos executivos declarou: "Baseando-se no crescimento de nossos custos, a empresa estará quebrada em cinco a sete anos". Uma mulher disse: "Meu filho terminará a escola e não terá trabalho". Todos esses comentários, e os demais que os seguiram, foram projetados no telão, tornando bem real o futuro que eles estavam vislumbrando.

Todos concordaram que os comentários descreviam corretamente o que aconteceria se nada mudasse. Eles identificaram o futuro automático.

A conversa mudou, a princípio lentamente e até com muito trabalho, para a declaração de um novo futuro. Um homem tentou direcionar a conversa para suas reclamações em relação à empresa, porém outro o interrompeu: "Você precisa se livrar disso, não sabote o que está acontecendo!". A certa altura, tudo o que era previsível — o que era bom, o que era ruim e o que era péssimo — estava escrito na tela. A sala ficou quieta, não havia mais o que dizer.

Nesse momento, o próximo passo poderia acontecer. A discussão se voltou para a questão que era projetada na tela: "Quais oportunidades podem ser aproveitadas se a Lonmin, as comunidades e os sindicatos se comprometerem a novas e poderosas formas de trabalhar juntos?". Os participantes foram ao microfone e disseram: "Cem por cento de alfabetização". "Pleno emprego." "Comunidade livre da aids." "Lonmin ser reconhecida um sucesso global." A mudança de humor da sala era palpável, passando de sóbrio a empolgado, e de controlado a livre.

No meio do processo, um dos participantes exclamou: "Vale a pena criar esse futuro — como faremos isso?". Mills pegou o microfone: "Primeiro, este processo levará anos e precisaremos de um compromisso de longo prazo de cada um nesta sala — e até de outros ainda não envolvidos. Em segundo lugar, uma série de iniciativas pode começar em aproximadamente dois meses, incluindo um programa de liderança para todos os representantes das partes envolvidas. Em terceiro lugar, um processo tão complexo — transformar uma empresa com 25 mil empregados e uma comunidade de 300 mil pessoas — exigirá resolver problemas ainda não identificados, e o único elemento que poderá fazer este grupo superar esses obstáculos será seu compromisso contínuo".

Mills terminou a reunião dizendo:

> *Eu me comprometo como pessoa e como organização a cumprir esse futuro que começamos a articular. Eu não poderei fazer isso sozinho, e minha organização não poderá fazer isso sozinha, então precisamos que vocês assumam o mesmo compromisso. Se vocês estão comprometidos em criar esse futuro, com os outros e comigo, assinem a declaração na saída. Essa declaração diz: "Eu me comprometo a criar um novo futuro para a Lonmin e para nossas comunidades". Assinem seu nome nessa declaração.*

Depois que Mills agradeceu a todos pela presença, a reunião terminou. Com exceção de duas pessoas, todos os presentes assinaram a declaração, e algumas delas marcaram apenas um "X" pois não sabiam escrever (as duas que não assinaram terminaram participando das iniciativas seguintes).

Mills nos disse depois: "Eu não tinha certeza se existiria alguma boa vontade para o processo, mas eles embarcaram seriamente no projeto. Deu certo!".

Chris Ahrends, padre anglicano que foi por vários anos o CEO do Centro de Paz Desmond Tutu, participou da reunião. Depois da reunião, ele disse a Brad e à equipe de consultores: "Se vocês puderem fazer 10% do que prometeram, será revolucionário".

A noite na hospedaria

Várias semanas depois, Mills e outro executivo novamente ignoraram as objeções de seus assessores e dormiram na hospedaria junto com os trabalhadores. Quando acordaram na manhã seguinte, estavam sob a guarda de guerreiros africanos. "Eu não somente estava seguro; eu era o homem mais seguro da África do Sul", Mills comentou conosco. Às 4 da manhã, para mostrar sua determinação, ele e o coordenador regional do sindicato National Union Mineworkers, Victor Tseka, foram cumprimentar os trabalhadores que chegavam de seu turno. Mills disse depois: "As pessoas não acreditavam que eu era o CEO. Um dos trabalhadores foi ao escritório buscar uma cópia da apresentação da empresa com uma foto minha para que alguns acreditassem na gente".

Para Mills, o ato de dormir numa hospedaria era simples e poderoso; em suas palavras: "Nada demais". Mas Mills compreendeu o poder dos símbolos para alterar a maneira como as situações ocorrem para as pessoas, desafiando o futuro automático e desenvolvendo novos níveis de desempenho. Para os trabalhadores, sua ação mandou uma mensagem tão forte que é difícil traduzi-la nas páginas de um livro. "Não podíamos acreditar", disse um representante do sindicato, "e começamos a pensar que poderíamos realmente confiar naquele homem." Laolang disse: "Mills ganhou tanta confiança que as pessoas queriam ver se sua maneira de agir funcionava".

Na perspectiva da 1ª Lei, as ações de Mills faziam muito sentido. Ele sabia, até antes mesmo de começar, que para os trabalhadores Mills ocorria como um CEO típico — encarando os empregados como ferramentas, não se importando com seu bem-estar, e interessado apenas em dinheiro. A percepção das pessoas com o futuro automático era que ele faria promessas e depois acabaria explorando os trabalhadores. Seus planos de gestão, ele sabia, pareciam apenas "mais do mesmo". Pior, as iniciativas demandariam mais esforço e nada em troca. Se ele não mudasse a maneira como essas situações ocorriam, e rapidamente, nada que fizesse causaria impacto. E o futuro automático se cumpriria.

A noite na boate foi planejada para alterar a maneira pela qual os executivos, e o programa que eles defendiam, ocorriam para as partes interessadas. Mills progrediu nesse sentido por ouvir tão intensamente que as pessoas sabiam que ele realmente as ouvira e enxergara as preocupações sob a perspectiva deles. Como as pessoas reconheceram que Mills ouvia atentamente — ouvia de verdade —, ele deixou de ocorrer como um CEO arrogante para tornar-se uma pessoa que ao menos se importava o bastante para gastar um dia com eles. E a Lonmin deixou de ser uma empresa que busca apenas o lucro para ocorrer como uma organização que defendia a comunidade. Quando Mills passou a noite na hospedaria e recebeu os trabalhadores que chegaram no turno das 4 da manhã, ocorreu a eles como um ser humano companheiro.

Com Mills, seus executivos e as iniciativas de gestão agora ocorrendo de uma forma diferente, o comportamento das pessoas mudou de resignado e raivoso para aberto e até receptivo. Mills estava pronto agora para iniciar a fase seguinte do programa, que ficou conhecida como Iniciativas de Março, quando a grande recuperação para elevar o desempenho se iniciou.

Usando a conversa para mudar a ação

As Iniciativas de Março da Lonmin procuraram alterar as ações transformando como a empresa ocorria para 150 pessoas por vez, totalizando 15 mil pessoas no prazo de quatro anos. O programa usou uma série sistematizada de conversas entre os líderes do programa, os executivos da Lonmin e os respectivos participantes. As pessoas passaram a se conhecer de formas novas que iam além de estereótipos, preconceitos e velhas conversas. Como o desempenho se relaciona diretamente à forma pela qual uma situação ocorre, essa alteração causou uma diferença imediata e tangível nas ações das pessoas. Ao mesmo tempo, as pessoas exploraram e avaliaram o futuro automático. Não gostando do que viam pela frente, reescreveram o futuro, desencadeando uma transformação impressionante.

Além da conversa entre as duas mulheres descrita no início do capítulo, dois eventos específicos ilustram por que Laolang e centenas de outras pessoas ficaram tão envolvidos no processo.

O primeiro evento aconteceu no segundo dia do programa, quando as pessoas foram divididas em grupos representando cada um dos sindicatos assim como cada uma das gerências. Seguindo a orientação dos líderes do programa, cada um identificou o "jogo que eles estavam jogando" nas negociações com outros grupos. Os gerentes assumiram a carta "pegar ou largar", lamentando suas limitações, usando ameaças veladas e liberando informações de forma seletiva. O sindicato de Laolang reconheceu que organizava operações padrão, usava greves arriscadas, destruía propriedades e não dizia aos gerentes o que pensava, pois, em suas próprias palavras: "Não confiamos neles". À medida que as pessoas descreviam e admitiam que jogavam esses jogos para todo o grupo, começavam a rir — de si próprios e, como nos disseram depois, pelo simples absurdo por jogar esses jogos. Encararam o futuro automático e o consideraram ridículo.

Ao descrever seus jogos de negociação, as pessoas reconheceram o outro lado como mais próximo deles mesmos do que poderiam imaginar no dia anterior. Mais importante, uma mudança começou a se realizar na maneira como o sindicato ocorria para os gestores, e como os gestores ocorriam para o sindicato — de oponentes jogando duro para companheiros com as mesmas virtudes e fraquezas. Eles começaram a vivenciar seus antigos adversários como aliados, do mesmo lado, comprometidos a construir um novo futuro em conjunto.

O segundo evento sucedeu mais tarde no mesmo dia. Os facilitadores propuseram a questão: "Com o que vocês estão comprometidos nas próximas negociações?". Depois de horas de debate, em sua maior parte passional, as cem pessoas que tinham vindo participar do programa alguns dias antes como inimigos, saíram comprometidas com mais de uma dezena de pontos, incluindo:

- Transparência total — abertura total — informação total.
- Respeito mútuo.
- Criar um futuro que seja o contexto para os acordos na solução de problemas.
- Participar com integridade.

Cada um dos eventos relatados antes mostra as alterações na maneira como as situações ocorreram para as pessoas na sala. Com essas alterações, indivíduos que eram adversários passaram a ocorrer como capazes de trabalhar juntos na definição de compromissos comuns — a semente para construir algo novo. Como dezenas de pessoas nos disseram nas entrevistas após os acontecimentos, esse nível de cooperação somente foi possível porque a forma pela qual cada um e a empresa como um todo passaram a ocorrer se alterara. Uma vez que as situações ocorreram de uma nova forma, as pessoas passaram a atuar além da simples conformidade para a responsabilidade, de apenas fazer seu trabalho para atuar com liderança. Como a 1ª Lei afirma, o desempenho das pessoas e como as situações ocorrem para elas *sempre* estão relacionados. À medida que as pessoas começaram a criar uma nova visão, suas ações automaticamente se alinharam com o que elas estavam criando.

Transformação: além da gestão de mudanças

Observe que, apesar de Laolang não ter mudado suas atitudes, sua ética no trabalho e seu estilo de negociação, é como se ele tivesse se tornado uma nova pessoa. O que observamos acima de tudo é que o homem com raiva, que não via em seu futuro nada além de muita luta, foi substituído por um homem que parecia em paz e não parava de sorrir.

Ele conversava com gerentes e executivos (independentemente de sua raça ou de seu passado) como se fossem pessoas reais, e não caricaturas do mal ou manipuladores como eram vistos antes. Ele prometeu ser um defensor das iniciativas de liderança da Lonmin, e Laolang cumpria sua palavra. O mais impressionante é que a mesma alteração aconteceu com todas as 15 mil pessoas que participaram do programa de liderança.

Nós perguntamos como as coisas ocorriam para Laolang e ele nos disse:

> *Depois do programa, era como se eu estivesse numa África do Sul diferente. Nelson Mandela começou a falar da transformação da África do Sul quando saiu da prisão e tornou-se presidente. Eu não tinha ideia do que ele realmente queria dizer, mas agora vejo a possibilidade de mudar o mundo, por meio de uma única empresa como a Lonmin. Criou-se um grande espaço dentro de mim. Essa abordagem para a transformação é tudo. Compreendi claramente o*

que leva indivíduos a assumir um compromisso. Considero isso um processo de salvamento para todos na Lonmin e muito além.

O futuro reescrito

Além de uma cultura mais forte e colaborativa na empresa, um poderoso senso de alinhamento para construir um futuro se expandiu. A empresa e a comunidade desenvolveram uma estrutura e projetos poderosos para mover-se em direção à sustentabilidade.

O resultado real tem sido alterar a maneira como as situações ocorrem para milhares de pessoas e, à medida que isso vem acontecendo, seu desempenho tem mudado de forma harmônica. Pela primeira vez na história, a produtividade alcançou mais de 1 milhão de onças de platina concentrada. As perdas com acidentes envolvendo empregados machucados reduziram-se em 43%, uma mudança que se mantém e se aprofunda com o tempo. Pela primeira vez, a comunidade está ativamente apoiando a empresa. As pessoas não somente passaram a criar algo novo, mas as evidências demonstram que isso realmente aconteceu. Quando Mills deixou sua função de CEO em 2008, refletiu sobre os eventos que aconteceram nos últimos anos e nos relatou: "Para mim, alcançamos sucesso em todas as frentes. Sei que fizemos enorme diferença, e essa transformação sobreviverá nas pessoas que foram tocadas por ela".

Na semana de seu 75º aniversário, Desmond Tutu, vencedor do Prêmio Nobel, visitou a Lonmin. Ao conversar sobre a empresa e seu esforço em reescrever o futuro para todos que a rodeiam, ele afirmou: "Coloco minha reputação e meu nome em jogo, ao afirmar a vocês que eu acredito nestas pessoas. Consigo sentir sua integridade".

Logo após, o IFC (International Finance Corporation) do Banco Mundial investiu US$ 100 milhões para ajudar a realizar o sonho de uma Grande Comunidade Lonmin autossuficiente.

Se a Lonmin e as 300 mil pessoas que vivem no entorno podem alterar a maneira como elas ocorriam a si próprias, esse esforço pode tornar-se um modelo de transformação organizacional.

E você? Há ações específicas que você poderá tomar para conectar-se ao poder da 1ª Lei do Desempenho. Considere a relação entre desempenho e a maneira como as situações ocorrem para as pessoas. Veja que essa relação *sempre* existe.

Veja a ilusão de realidade acontecendo, em você e nas pessoas a seu redor. Quase sem exceção, as pessoas não reparam que a única coisa de que têm ciência diz respeito a como as situações ocorrem para elas. Elas falam e agem como se estivessem vendo as coisas como realmente são.

Encontre pessoas cujas ações não fazem sentido para você. Faça perguntas, na maioria abertas, que forneçam informações sobre como as situações ocorrem para elas. Continue perguntando até perceber como as ações dessas pessoas se ajustam perfeitamente à maneira como as situações ocorrem para elas (você verá que esse processo sozinho leva a um longo caminho no desenvolvimento da confiança e da cooperação).

Fique atento a como seu próprio desempenho se relaciona à maneira como as situações ocorrem para você.

- Observe como as tentativas de mudar uma situação normalmente falham, fortalecendo a maneira como a situação ocorre em vez de alterá-la. Lembre-se: tudo a que você resiste, persiste.
- Considere: e se você pudesse fazer algo sobre como uma situação ocorre — para você e todos a seu redor? Qual o impacto no desempenho de todos?

No capítulo seguinte, exploraremos a 2ª Lei, que mostrará como o processo ocorre dentro de nós.

2
Onde está a chave do desempenho?

Um homem idoso estava caminhando tarde para sua casa quando viu um amigo de joelhos procurando algo sob a luz da rua. "O que você está fazendo?", ele perguntou ao amigo.
"Eu perdi a chave de minha casa."
"Vou ajudá-lo a procurá-la." Depois de alguns minutos de uma frustrada procura, o homem idoso perguntou: "Onde você estava exatamente quando a chave caiu?".
O seu amigo apontou para uma área escura e disse: "Por ali."
"Então, por que você está procurando pela chave aqui?"
"Porque aqui tem luz."

Esta parábola ilustra algo que é muito comum na vida das empresas e em nossa vida pessoal: muitos de nós estamos procurando, mas não conseguimos encontrar a chave do desempenho.

Essa procura faz sentido. Desempenho é o que importa, e é isso que gera ações desenvolvidas por indivíduos. A não ser que as ações das pessoas se alterem, novas estratégias falharão, metas de fusões e aquisições não acontecerão, e novas tecnologias não alcançarão seus objetivos. No lado pessoal, a não ser que alteremos nossas ações, nunca iremos cumprir as decisões do ano-novo, melhorar nossa vida em família ou nossas finanças pessoais.

Considere que essa descrição está correta. Apesar dos bilhões que as empresas gastam para refinar suas estratégias, remontar as estruturas organizacionais, comprar empresas ou ser compradas, o ganho de desempenho, usualmente a razão de ser desses movimentos, parecem estar fora de alcance. Sem a melhoria de desempenho, a maioria desses esforços eventualmente falha.

Com tudo o que sabemos no século XXI, como o ganho em desempenho não está cada vez mais disponível?

Considere que estamos procurando a chave do desempenho na área iluminada que nos é fornecida pelo *conhecimento*. Se temos um problema, verificamos se sabemos a solução, e, se não soubermos, procuramos os especialistas no tema e perguntamos a eles — ou contratamos consultores, ou lemos livros, ou procuramos uma resposta na internet. Mas, como Jeffrey Pfeffer e Robert Suttron mostraram no livro *The Knowing-Doing Gap* [A lacuna entre saber e fazer], mais informação frequentemente não se transforma numa ação diferente. Estamos procurando a chave do desempenho em locais onde é fácil procurar, em vez de procurá-la nos locais escuros, desconhecidos e escondidos.

Este capítulo parte de onde paramos no capítulo anterior. Se pudermos alterar como uma situação ocorre, novas ações acontecerão. Uma quantidade suficiente de ações de uma quantidade suficiente de pessoas impulsionará a possibilidade na melhoria de desempenho. A chave do desempenho, afirmamos, encontra-se no complexo desenvolvimento das ocorrências, e este é o foco deste capítulo.

Uma vez encontrada, a chave do desempenho permitirá a você alterar suas ações e trabalhar com outros para que eles alterem suas ações, levando o desempenho a um novo patamar.

Na leitura deste capítulo, será útil você pensar num desafio em desempenho que você ou outras pessoas estão enfrentando, podendo ser o mesmo do capítulo anterior ou um novo. Seguiremos por estudos de casos e discussões, parando durante a leitura para considerar seu desafio à luz desse material.

Procurando a chave do desempenho no Polus Group

A história do Polus Group mostra uma empresa que encontrou um desafio de desempenho e encontrou a chave para reverter a situação em que se encontrava.

Após a Segunda Guerra Mundial, o aprendizado sobre negócios de Toshimi Nakauchi começou quando ele e sua mulher vendiam bananas nas ruas de Tóquio. "As bananas eram uma das principais mercadorias", a viúva nos disse em 2007, "e isso é o que ele estava procurando — algo que as pessoas sempre quisessem." Ao refletir sobre os acontecimentos daquele tempo, incluindo educar três crianças, sua viúva nos disse: "Era muito difícil". A seguir, sorrindo, continuou: "Eu colocava Kojiro (seu filho do meio) dentro de uma caixa de bananas para ele dormir durante o horário comercial".

Os interesses empreendedores de Nakauchi o levaram para os negócios imobiliários. Uma vez ele contou o que planejava fazer a um de seus fornecedores. O homem tentou dissuadi-lo de suas decisões. "Quanto você quer ganhar?", era a pergunta do fornecedor para Nakauchi. "Dez mil ienes (aproximadamente US$ 10) por dia", foi sua resposta, um número abusivo considerando que era quatro vezes mais que o proprietário da empresa de banana recebia.

O tempo provou que Nakauchi não estava apenas desejando. Ele tornou-se tão bem-sucedido que construiu sua própria casa, até adicionando um segundo andar para seu escritório. Leu, estudou, questionou e demonstrou habilidade em investir em terras que rapidamente se valorizavam. Adicionalmente, como estratégia de investimentos, passou a construir casas nessas terras e atraía colegas talentosos para trabalhar com ele. Em poucos anos possuía um negócio que se expandia rapidamente.

Sua procura por terras com potencial o levou para a vila de Koshigaya, que havia centenas de anos era passagem para viajantes que descansavam antes de subir ao topo de uma montanha para um local santo do xintoísmo chamado Nikko, onde está enterrado um famoso xógum. Hoje, Koshigaya é uma cidade industrial e residencial conhecida por suas bonecas "Daruma", que simbolizam forte determinação e boa prosperidade, e ao mesmo tempo lembram a propagação do budismo da Índia para a China.

Ele imaginou o dia em que ele e seus colegas estariam no centro da indústria de construção residencial, e o resto da indústria estaria a seu redor, semelhante ao que Confúcio considerou a Estrela Polar o centro do paraíso. Em julho de 1969 ele chamou sua empresa de Polus Group, procurando capturar essa visão.

Da visão de um homem para a crise de continuidade

Sendo um homem de visão, Nakauchi planejou sua empresa para ser, desde o início, um grande conglomerado. Por exemplo, quando o Polus Group tinha somente 20 pessoas, ele trouxe um especialista do governo para ensinar seus executivos a organizar os recursos humanos para o crescimento. Esse especialista tinha sido treinado pelo exército norte-americano durante os anos em que o Japão estava ocupado e mais tarde foi o responsável pela criação dos sistemas de recursos humanos da Honda.

As casas projetadas pelo Polus Group tinham uma imagem própria — moderna e multifacetada, com várias varandas. Com janelas amplas e madeiramento leve, as casas eram convidativas e calorosas, parecidas com os empreendimentos mais caros desenvolvidos nas praias dos Estados Unidos.

O presidente tomou cuidado especial em desenvolver um relacionamento pessoal com seus empregados, brincando que era capaz de lembrar somente os nomes dos primeiros mil empregados. Enfatizava a educação, acreditando que melhores indivíduos possuíam a mensagem-chave para desenvolver a capacidade dos profissionais de sua empresa. Trouxe pensadores de gestão, artistas e até um famoso técnico de vôlei para ensinar seus funcionários. O fundador pedia a cada palestrante que escrevesse a essência de sua mensagem na caligrafia japonesa. Hoje, esses documentos estão enquadrados e pendurados nas salas de conferência e escritórios do Polus Group.

À medida que o Polus Group crescia para ser o grande conglomerado que é hoje, seus três filhos assumiram posições como gerentes na empresa. A liderança de Nakauchi combinava visão, excelência operacional e fortes relacionamentos.

Em 1999, o fundador sofreu um derrame que o deixou incapacitado. A lacuna de liderança deixada no Polus Group era inesperada e devastadora. Um gerente sênior nos disse: "Tínhamos um visionário liderando nosso trabalho e, de repente, não sabíamos mais o que fazer". Homma, o responsável pela área de Recursos Humanos, disse: "Perdemos nosso futuro".

A incapacidade de Nakauchi levou tanto as pessoas do Polus Group como os demais participantes da comunidade a duvidar se a empresa familiar poderia continuar a crescer ou até sobreviver. Será que os filhos poderiam desenvolver a liderança, o relacionamento, a visão e a experiência que seu pai tinha?

Apesar da tristeza e do luto, eles agiram de boa-fé, realizando um esforço atrás de outro em continuar sem seu líder — implantaram reorganizações, desenharam novos papéis, identificaram diferentes estratégias.

A empresa possuía muito talento para se desenvolver. Cada um dos filhos do presidente parecia ter herdado um de seus dons. O mais velho, Keitaro, era um líder visionário. Kojiro, o irmão do meio, buscava a excelência operacional. Akio, o mais novo, focava em relacionamento.

Mesmo assim, nada parecia dar certo. Várias pessoas nos disseram: "Ficávamos rodando em torno do mesmo assunto". Eram conversas sem fim, argumentos sem decisões.

Nas palavras deles, estavam "afundando na confusão", "faltava carisma ao grupo", estavam "estagnados", "sem energia", "cansados" e "desnorteados". A palavra mais comum era "travados".

Se os indivíduos estivessem presos por cordas, encontrariam uma forma de se desenrolar ou cortar as cordas. Infelizmente, o que os prendia não era tão fácil de identificar. Como nos disseram: "Não sabíamos o que nos estava segurando".

O que os segurava estava fora do alcance de onde procuravam — no escuro —, fora da luz do conhecimento deles.

> **A 2ª LEI DO DESEMPENHO**
> **A maneira como uma situação ocorre aparece na linguagem.**

Na abordagem tradicional, a solução para a situação do Polus Group estava no planejamento da sucessão, estratégia, ou de papéis e responsabilidades. Mas considere que algo mais profundo estava acontecendo. Como veremos, este algo mais profundo está provavelmente também em ação em seu desafio pessoal de desempenho.

Por menos intuitivo que possa parecer, as pessoas na empresa estavam amarradas em nós de linguagem — nós compostos por palavras, símbolos, sentenças e formas de comunicação que, de alguma forma, bloqueavam e impediam o desempenho. O resultado era um comportamento repetidamente improdutivo, por melhores que fossem suas intenções.

A maneira como as situações ocorrem é inseparável da linguagem. Um caso de nosso conhecimento que ilustra bem esse fato foi o da Helen Keller, que havia aprendido somente algumas palavras até os 18 meses de vida e teve uma doença que a fez perder a visão e a audição. Sete anos depois, ela aprendeu a linguagem dos sinais com sua tutora, Anne Sullivan. Keller descreve como era sua vida antes de se encontrar com Sullivan, e o momento em que aprendeu a linguagem:

> *Por quase seis anos eu não tinha nenhuma noção do que era a natureza, a mente, a morte ou Deus. Eu literalmente pensava com meu corpo. Sem nenhuma exceção, as memórias que eu tinha daquela época eram as que eu sentia*

pelo tato ... Eu era impelida como um animal para conseguir comida e calor. Eu me lembro quando chorava, mas não do sofrimento que me causava as lágrimas... Eu era como um pedaço de terra inconsciente. Aí, de repente, não sei como, onde ou quando, meu cérebro sentiu o impacto de outra mente, para o conhecimento do amor, para os conceitos usuais da natureza, de Deus e do diabo! Eu realmente fui tirada do nada para a vida humana...[1]

Como o mundo ocorria para Keller, uma vez que ela aprendeu a linguagem, mudou-a de forma mais dramática que a maioria de nós pode imaginar. Observe que a linguagem não foi algo que ela compreendeu em partes, à medida que sua professora lhe enviava vários sinais. A linguagem apoderou-se dela, redefinindo cada parte de sua compreensão num ato de despertamento. Ela conta essa experiência relatando que antes daquele momento ela "conhecia somente o escuro e o silêncio... minha vida era sem passado ou futuro... até que uma pequena palavra dos dedos de outra pessoa caiu em minha mão, e meu coração pulou para o êxtase da vida"[2].

Depois de aprender a linguagem, o passado e o futuro apareceram para ela com se fosse uma tevê ligada pela primeira vez. Pelo resto de sua vida, Keller atraiu audiência para suas conferências e dava aulas para os leitores de seus livros, seja pela originalidade de sua situação, seja pelo drama de sua história de vida. Ela viu a linguagem pelo que ela é: uma força que nos torna humanos, que nos dá passado e futuro, que nos permite sonhar, planejar, definir e realizar conquistas.

A maioria de nós éramos muito pequenos para lembrar o momento em que começamos a adquirir a linguagem. Parece que a linguagem sempre esteve conosco, como o ato de respirar. Não damos atenção à sua presença.

Agora pense nisto: a linguagem é o meio pelo qual seu futuro está escrito. É também o meio pelo qual poderá ser reescrito. Para as pessoas no Polus Group, e para todos nós, há boas notícias nessa reflexão.

---

[1] Keller, Helen. *My Religion* [Minha religião]. Nova York: Doubleday, 1928, pp. 20 e 21. Cortesia da American Foundation for the Blind.
[2] Keller, Helen. *Optimism* [Otimismo]. D.B.Updike. Boston, Merimont Press, p. 13.

As pessoas do Polus Group não podiam mudar o fato: a incapacidade de seu presidente. Há facetas de nossa vida que estão além de nosso controle. De fato, considere seu desafio de desempenho. Seu chefe, suas finanças, seus filhos, sua indústria, seu país, são todos resistentes às mudanças (Seus pais tentaram mudar você? Como se saíram?) Mas como diz a 1ª Lei do Desempenho, suas ações estão correlacionadas à forma pela qual os fatos *ocorriam* para você, e não aos fatos como realmente são.

A chave do desempenho esconde-se numa faceta particular da linguagem que abordaremos na seção seguinte. Mas antes precisamos mapear as conexões entre a linguagem e a ocorrência.

Os nós da linguagem

A palavra *linguagem* está sendo usada aqui em seu sentido mais amplo. Inclui não somente a comunicação oral e escrita, mas também a linguagem corporal, as expressões faciais, o tom de voz, as figuras e ilustrações, a música, a maneira de vestir e qualquer outro elemento que possua uma intenção simbólica.

Desatar os nós da linguagem começa pela percepção de que quando você diz qualquer coisa outras mensagens são simultaneamente passadas. Chamamos esse fenômeno de *não dito, mas comunicado*. Algumas vezes quem comunica está ciente do *não dito*, mas na maioria das vezes isso não acontece. A parte não dita é a mais importante na linguagem quando se trata de se elevar o desempenho.

O *não dito, mas comunicado* inclui (mas não se limita a) premissas, expectativas, desapontamentos, ressentimentos, tristeza, interpretações, significados e questões que ocorrem como perigosos.

Todos nós sabemos como é conversar com alguém que nos está escondendo algo. Essa pessoa normalmente parece evasiva, descomprometida, distante ou desconectada. O que ela está escondendo está no não dito, e seu comportamento comunica que falta algo. Pense num grande grupo de trabalhadores escondendo algo uns dos outros e você verá o impacto que o não dito tem no desempenho.

Você pode sentir e experimentar o *não dito, mas comunicado*. Observe uma família jantando em um restaurante e você verá como cada membro da família ocorre para os outros. Você não ouvirá o que eles estão falando, mas ao observá-los poderá ver uma pessoa passando a mensagem: "Quanto tempo mais isso vai demorar?". Outro diz: "É ótimo estarmos todos juntos", e um terceiro transmite: "Quando eles vão se entender? E imagine se alguém reparar nisso".

Quando você vai a uma empresa para uma reunião, faz uma ligação de vendas ou participa de um processo de seleção, vê instantaneamente como a empresa ocorre para seus empregados e como as pessoas ocorrem umas para as outras. É como se houvesse aqueles balões de pensamento de desenho animado sobre a cabeça das pessoas, e você pudesse ler o que elas não estão dizendo, mas estão comunicando. Isso envolve mensagens num grande espectro, de "Estou tão chateado e queria saber o que há para o almoço" a "Meu trabalho é mais importante que o seu". Essa comunicação é executada de diferentes formas — o que as pessoas falam, como elas falam, seus gestos, tom de voz, troca de olhares, e assim por diante. Se você ligar sua antena para sintonizar o não dito, verá como isso é impressionante. Parece nascer da nossa essência e nos acompanhar em cada relacionamento. Só para deixar claro, nós normalmente desligamos essa antena.

Agora chegamos a um aspecto da comunicação que define nosso futuro sem estarmos conscientes disso. É a parte da linguagem que existe fora do foco de nossa atenção.

Chamamos esse aspecto de *não dito, mas comunicado sem consciência*. Esse aspecto define e molda quais mensagens são possíveis, impossíveis, importantes, sem importância, relevantes, irrelevantes, apropriadas, inapropriadas etc. A falta de consciência coloca essa parte da linguagem fora de nosso controle. Até que possamos usar a vantagem dessa parte da linguagem, o futuro está definido e não pode ser alterado.

A chave do desempenho

Alterar o *não dito, mas comunicado sem consciência* era a chave para dar a volta no caso do Polus Group. O processo inicia-se por estar consciente em relação ao que as pessoas não estão dizendo mas comunicando.

Para a maioria das pessoas, explorar o não dito é como entrar numa caverna escura — a jornada vai de um dia brilhante para uma cegueira temporária. Começa com as pessoas dizendo o que estavam pensando. Depois de algum tempo, a pessoa dirá algo e ficará surpresa com o que acabou de dizer, como se fosse outra pessoa que estivesse falando. A expressão de sua face vai da recordação para a exploração — à medida que ela descobre o terreno tateando-o. Quanto mais longe essa pessoa for, mais precisará de apoio de quem conhece o terreno do não dito.

No Polus Group, Keitaro sentiu-se amarrado e preso numa armadilha: incluindo sua súbita ascensão ao poder, sua relativa juventude para a posição, a lealdade que os empregados sentiam por seu fundador e não por ele, e assim sucessivamente. Não era a situação atual que o amarrava, mas o que ele e os demais haviam feito essa situação significar por meio da linguagem — e eles não haviam falado a respeito disso.

Em conversas particulares, as pessoas inicialmente se mostraram apreensivas em relação a suas respostas, agindo com cuidado em relação ao que diziam e ao que não diziam.

Os consultores ajudaram as pessoas a examinar o não dito. À medida que o processo continuava, elas começaram a compartilhar o que pensavam, mas nunca o diziam claramente até descobrir o que estava oculto em seus pensamentos e opiniões. Quando tudo foi esclarecido por todos aqueles que passaram pelo processo, o que eles não haviam dito era uma variante da mesma coisa: *Eu faço o melhor que posso, mas as agendas das outras pessoas bloqueiam os resultados. Se ao menos o fundador estivesse aqui, consertaria isso, mas ele não está; então o que posso fazer é continuar tentando.*

No Polus Group o não dito, em especial o não dito do qual as pessoas não tinham consciência, deixou as pessoas *sem espaço para criar algo novo*. Elas estavam resignadas em resultado dos nós da linguagem que influenciava e determinava seus comportamentos. Estavam presas a uma armadilha e não tinham espaço para definir novos caminhos que as levassem adiante ou lhes permitissem aproveitar as oportunidades do negócio. Essa falta de liberdade era um resultado direto das coisas não ditas que influenciavam a maneira como a situação ocorria para cada um.

O *não dito, mas comunicado sem consciência* tornou a linguagem confusa. A confusão estava tão disseminada que as pessoas não tinham liberdade de criar algo novo. Sabemos qual é a sensação de trabalhar numa mesa bagunçada, com papéis, pastas e lembretes desorganizados. Não há espaço para o trabalho. O que está lá impede que algo novo aconteça. Um armário cheio de caixas e roupas que caem ao ser aberto não dá espaço para nada de novo. Não pode ser usado para o que serve — guardar coisas —, pois já está lotado. É preciso criar espaço, uma clareira e um sentido de que "Não há nada em meu caminho" para que você possa colocar algo novo em sua mesa ou em seu armário.

Ao considerar espaços físicos em desordem, temos uma analogia do que se dá nas situações em que as pessoas estão presas por nós de linguagem. Essas situações ocorrem como cansativas e caóticas — coisas nos lugares errados e não terminadas, cartas na mesa gritando para serem lidas, caixas no armário pedindo para serem aliviadas.

No Polus Group, com a desordem ocupando o espaço da criação, as pessoas requentam velhos temas: papéis e responsabilidades, estratégias e ações que precisam ser tomadas. Sem espaço, tudo o que os líderes do Polus Group poderiam fazer era ter uma nova conversa que trataria dos mesmos temas repetidamente — como no filme *Groundhog Day* [*Feitiço do tempo*]. A maneira como a situação ocorria para as pessoas era semelhante a colocar mais uma caixa de roupas num armário cheio.

A chave do desempenho não é forçar novas conversas sobre estratégia ou reorganização em um espaço já entupido. Certamente, é acabar com a desordem.

Quase universalmente, é o não dito que cria essa confusão para indivíduos, grupos e organizações. Antes que algo novo aconteça, as pessoas precisam criar espaço para fazer o equivalente à limpeza do armário em relação à linguagem. Isso significa trazer questões à luz — expressando-as e examinando-as em público. Não significa dizer qualquer coisa que passa pela cabeça, nem esvaziar todos os julgamentos e avaliações sobre todas as pessoas. Certamente também não é expressar qualquer percepção de sua voz interior.

O ponto está em reconhecer que certas coisas impedem as pessoas de agir porque não estão sendo ditas. Quando as pessoas conseguem tratar e articular o não dito, começa a surgir um espaço. As pessoas podem então discutir, aberta e publicamente, o que as está bloqueando e o que fazer a respeito. Semelhantemente a tirar as coisas do armário e colocá-las no quarto, as pessoas podem tratar de questões, perspectivas e queixas com a intenção de abrir mais espaço.

Limpando o armário

O filho mais velho, Keitaro, soube de trabalhos anteriores de Steve desenvolvidos no Japão e solicitou uma proposta que tiraria a liderança do Polus Group da sinuca de bico em que ela se encontrava. A equipe de consultores iniciou um trabalho de descoberta que resultou num plano estruturado em vários estágios e baseado nas Três Leis do Desempenho. A promessa desse plano era destravar o Polus Group.

Durante o jantar, Homma, o executivo de recursos humanos, propôs uma ideia tão radical que era algo inimaginável no Japão. Aproximando-se, disse: "Steve-san, se queremos implantar esse plano de destravamento, temos de começar somente com a família e a diretoria".

Steve perguntou se uma pessoa estranha ao grupo seria aceita num processo tão íntimo.

A resposta de Homma foi: "Sempre fomos uma empresa corajosa. Se as pessoas concordarem que esse é o caminho para sair da armadilha em que estamos presos, tenho certeza que aceitarão o risco".

A família e a diretoria — 11 pessoas — estavam prestes a embarcar numa jornada única possibilitada pelas Três Leis do Desempenho. Particularmente, para destravar esse pequeno grupo, eles precisariam achar e usar a chave do desempenho. Nosso objetivo para os leitores deste capítulo é exatamente o mesmo.

Nossa "voz interior"

Para apreciar a jornada de exploração do não dito, precisamos voltar à analogia da caverna. Imagine alguém caminhando na total escuridão usando somente seu tato. À medida que avança passo a passo, essa pessoa procura formas e objetos reconhecíveis: buracos, estalactites, água e coisas semelhantes. Se ela encontrar uma súbita subida no solo, saberá que há uma estalagmite e qual é aproximadamente seu tamanho, para que possa desviar e continuar sua exploração. Seu ativo mais valioso é seu conhecimento do que poderá encontrar numa caverna.

Da mesma forma, à medida que caminhamos pelo não dito, há formas e objetos a serem procurados. A primeira é a voz interior, aquela voz em sua cabeça que fala constantemente sobre tudo a seu redor. Você poderia considerá-la o pensamento, mas é na verdade uma conversa que você tem consigo mesmo. Nossa voz interior atua de forma tão constante que na maioria das vezes não reparamos nela. Ela tem a qualidade de ser como o ar para os pássaros ou a água para os peixes — sempre presente e nunca percebida.

Nossa voz interior está sempre perguntando e respondendo a questões como: É verdade? É falso? Está certo? Está errado? É bom? É ruim? Qual é o problema? Qual é a solução? Qual a resposta? Qual a pergunta? Por que devo que fazer isso? Como farei isso? Concordo? Discordo? O que eu ganho com isso? O que ele, ela ou eles ganham?

De fato, se você parar por um momento e observar alguns dos comentários que tem feito a si mesmo sobre o que está lendo, você ouvirá sua voz interior em ação. A maneira como este livro está ocorrendo a você tem muito a ver com as conversas que você está travando consigo mesmo ao lê-lo. Essa voz interior — a voz em sua cabeça que estamos convidando você a ouvir neste exato instante — fala tão constantemente que você não consegue desligá-la, mesmo que tente.

Particularmente, pense em seu desafio de desempenho e observe o que sua voz interior tem a dizer. Para a maioria das pessoas é algo como: *Será que não estou tentando o suficiente? Será que é pura falta de sorte? Este livro vai ajudar mesmo? Provavelmente não, mas seria bom se ajudasse.*

Na maioria das vezes, a voz interior repete velhos pensamentos. Raramente diz algo novo. E, mesmo assim, ocupa boa parte de nossa atenção. Observe que sua voz interior provavelmente não trará novas soluções para seu desafio de desempenho.

Operações de fachada

Conforme seguimos nossa viagem pelo não dito, continuando a usar a analogia da caverna, a luz torna-se cada vez mais ausente. É aqui que encontramos algo que a maioria das pessoas não está treinada a identificar. É a *operação de fachada*.

Estar consciente das operações de fachada e assumir a responsabilidade por elas são os aspectos mais importantes na melhoria do desempenho.

Uma operação de fachada possui quatro elementos. Primeiro, há uma reclamação que persiste por um longo tempo. Um exemplo comum em casamentos é: "*Ele está atrasado de novo!*" (observe que "Ele está atrasado de novo" fica rebobinando na voz interior da esposa). Segundo, há um padrão de comportamento que vem junto com a reclamação. *A esposa pode agir de forma irritada, distante e introvertida* ("Eu realmente estou brava e desapontada", ecoa sua voz interior). As pessoas em geral têm consciência desses dois elementos.

Antes de abordar os dois elementos seguintes, você pode reconhecer que há uma operação de fachada associada a seu desafio de desempenho. Qual é a reclamação? Talvez seja: *Isso não está funcionando.* Ou *Ninguém está me dando a ajuda que preciso.* Qual o padrão de comportamento que vem junto com essa reclamação? Talvez seja *agir de forma introvertida* ou *atacar as pessoas.* Note que a reclamação e o padrão de comportamento estão intimamente relacionados. A reclamação traz repetidamente à tona o padrão de comportamento. Para algumas pessoas, esse padrão de comportamento fica tão internalizado que elas passam a acreditar que *Ele é assim mesmo.*

Voltando a nosso exemplo de operação de fachada, o terceiro elemento é o ganho em manter esse comportamento. A mulher está certa, faz seu marido sentir culpa, evita a dominação do marido (ou o que ocorre para ela como a dominação de seu marido ao atrasar) e permite a ela ter o controle da situação. O quarto elemento é o custo desse comportamento. Para cada ganho existe um custo. O custo pode ser a mulher afastar-se do marido, perder sua intimidade, expressão, satisfação e vitalidade. Esses últimos dois elementos — o ganho e o custo — vivem no *não dito* e *inconsciente.*

E sobre sua operação de fachada, o que você identificou? Qual é seu ganho? Talvez *Isso me ajuda a lidar com* ou *Evito a dominação dessa pessoa/situação* ou *Eu fico como aquele que tem razão.* O ganho é o que faz a operação de fachada persistir, frequentemente por anos.

E o custo? É a *autoexpressão* ou *alegria* ou a *sensação de estar vivo*? É o custo das operações de fachada, como veremos a seguir, que foi amplamente responsável pelo fato de o Polus Group ficar amarrado em nós de linguagem.

As pessoas normalmente perguntam por que isso é chamado de operação de fachada. Considere a época da lei seca (proibição de venda de bebidas alcoólicas) nos Estados Unidos, e você descobrirá a razão. Alguns restaurantes eram a fachada de bares ilegais. Esses restaurantes ocorriam como algo que na realidade não eram: cobertura para uma operação ilícita. O restaurante era uma operação de fachada.

Em nosso exemplo, à primeira vista, parece que a esposa está triste com seu marido chegando tarde. Na verdade, ela obtém um ganho que vale muito mais do que a pontualidade: torna-se a pessoa com a razão e sente-se superior. Também consegue uma vantagem que a permitirá chegar atrasada no futuro como uma forma de compensação. O que parece ser uma reclamação legítima é na verdade um jogo de poder.

Ao mesmo tempo, as operações de fachada dentro de relacionamentos são sempre perfeitamente acompanhadas. O marido neste caso também possui uma operação de fachada ao chegar tarde — tornar a mulher errada ao fazê-lo ser o errado. Afinal: "Por que ela não reconhece meu esforço no trabalho para manter nosso status?".

Ao aplicar sua operação de fachada "Atrasado de novo!", tanto a mulher quanto o marido pagam um preço inconsciente, apesar de esse preço ser comunicado em várias conversas entre eles. Para quem os observa, é fácil perceber: *falta de intimidade, constante isolamento* e *ressentimento crescente*. É o *não dito, mas comunicado* afetando a qualidade e a experiência do relacionamento.

Pense a respeito de sua operação de fachada. Você é capaz de perceber como uma reclamação pode esconder algo mais profundo, como uma forma de controlar a situação ou evitar ser dominado por outra pessoa?

Aprendendo a linguagem

Nossa promessa é que, ao ler este livro, você desenvolverá uma habilidade para elevar seu desempenho. E você verá a razão disso. Você terá maior poder sobre uma situação se conseguir identificar uma operação de fachada ou se reconhecer que aquilo que o impede de obter resultados se relaciona à maneira como essa situação ocorre para você. É como um médico que encontra a solução para a saúde de seu paciente ao identificar uma doença.

Há uma razão para que pessoas se juntem em comunidades quando realizam um estudo profundo de algo, como negócios ou direito. O apoio dos outros é importante, pois parte do estudo é aprender a usar uma nova linguagem.

Sugerimos que você torne a leitura deste livro uma atividade de grupo. Encontre outras pessoas interessadas em elevar o desempenho e passem pelos capítulos juntos. Discutam os desafios de desempenho de cada um e o que estão aprendendo com este livro.

Usando a 2ª Lei

No Polus Group afloraram várias reclamações persistentes em relação ao que as pessoas acreditavam ser velhos acordos. Executivos e membros da família contaram a Steve sobre vários desses acordos:

- Os irmãos resolverão diferenças individuais de forma privada.
- O irmão mais velho comandará a empresa.
- A empresa operará em três divisões separadas, cada uma comandada por um irmão.
- As decisões precisam ter a aprovação da família.

O irmão mais velho decidiria, e os demais poderiam apresentar objeções — acreditando que *as decisões precisam ter a aprovação da família*. O irmão mais velho iria então ignorar as objeções, pois o acordo era *resolver as diferenças em particular*. A voz interior de cada um deles estava repleta de comentários sobre como os outros não estavam cumprindo o que disseram que fariam.

É importante observar que muitos dos velhos acordos não foram realmente acordados. Os executivos disseram à equipe de Steve que o método de tomada de decisões era ambíguo, enquanto outros insistiam que esses acordos eram tão reais como se estivessem escritos e assinados em papel. Mesmo assim, sendo ou não resultado de acordos, eles criavam a base das reclamações persistentes e tomavam conta da maioria dos pensamentos e vozes interiores das pessoas.

Embora as pessoas que viviam aquela situação não estivessem conscientes dos custos, um observador treinado nas Três Leis era capaz de reconhecê-los. Como um explorador de cavernas experiente, alguém treinado nas Três Leis sabe que uma operação de fachada está atuando quando as pessoas agem de forma resignada e distante, insatisfeitas com seu trabalho ou com a presença dos outros, e ao mesmo tempo mantêm a melhor imagem possível de que tudo está bem. Esse era o caso do Polus Group. As pessoas estavam isoladas e resignadas e, ao mesmo tempo, decididas a seguir em frente pela causa de seu fundador.

Da mesma forma, alguém treinado nas Três Leis pode ver o ganho que as pessoas obtêm ao aplicar suas operações de fachada. Depois que seu fundador se tornou incapacitado, cada um dos irmãos e toda a diretoria experimentaram a ameaça e o risco em relação a quem comandaria a empresa, e se o negócio sobreviveria. Todos estavam preocupados com quem assumiria o controle e, ao mesmo tempo, se não perderiam o controle que já haviam conquistado. Ao aplicar suas operações de fachada, evitavam a dominação do outro e a situação propriamente dita. Apesar de ineficaz, esse comportamento parecia-lhes ser a única opção.

Todos davam o melhor de si, mas os velhos acordos eram conflitantes e amarravam os irmãos e a diretoria. O irmão mais velho tomaria uma decisão, e os demais a rejeitariam. Quando ninguém tomava uma decisão, os executivos olhavam para a família, que olhava para a diretoria, que olhava novamente para a família. Nesse processo as pessoas desenvolviam suas operações de fachada — formas fixas de comportamento atreladas a reclamações persistentes. A voz interior de cada um deles estava tomada por objeções, reclamações e palavras de desespero. O resultado final era que aquela situação ocorria como *sem espaço para criar algo novo.*

Considerando seu desafio de desempenho, pense nas situações que o atrapalham, e você poderá identificar outras operações de fachada. Comece por sua voz interior e ouça as reclamações que persistem por algum tempo. Observe o que você ganha em continuar a reclamar, provavelmente algo como estar certo, tornar os outros errados, justificar-se, invalidar os outros, evitar responsabilidade e livrar-se de uma situação de dominação. A seguir comece a ver o custo — em geral é uma combinação de amor, saúde, felicidade e autoexpressão.

Quando reconhecemos o poder do não dito, duas reflexões relevantes tornam-se claras. A primeira é que a situação é absurda. Como uma situação ocorre para nós é uma função da linguagem, embora ela se apresente para os outros de forma tão real quanto uma parede. Você pode bater numa parede, mas não pode bater nas palavras com as quais as pessoas descreviam, da forma mais correta possível, a situação do Polus Group: "travada", "difícil", "estressante" e "incerta". Reconhecer que as pessoas estavam amarradas em nós de linguagem é, por si só, uma reflexão libertadora. Podemos desatar os nós da linguagem com uma linguagem diferente.

A segunda reflexão leva a uma ação: livre-se do não dito. Faça isso dizendo o que não é dito e lidando com isso. No Polus Group, discutir quais acordos eram reais e quais eram imaginários representou grande avanço em criar espaço. Reconhecer os ganhos e custos ajudou as pessoas a parar com algumas conversas antigas e abrir o espaço para novas comunicações acontecerem.

Não importa quão inteligentes e profundas as pessoas sejam, estamos todos vulneráveis ao não dito — especialmente aquilo que não é dito e não é consciente. Antes de seguirmos no caso do Polus Group, vamos examinar de que maneira a compreensão da 2ª Lei pode alterar dramaticamente o relacionamento entre duas pessoas. Essa situação aconteceu na Harvard Business School.

Harvard Business School: Unidade de Negociação, Organização e Mercados

Um grupo de seis professores da Harvard Business School, liderados por Michael Jensen, pesquisava e ensinava novas ideias de como as empresas, em muitos casos, realmente destruíam valor. Nas palavras deles, era um grupo de professores malandros. Leais e colegas entre si, colocavam sua reputação em jogo ao se juntar ao grupo. Por exemplo,

Mal Salter, professor sênior na Harvard Business School, foi convidado a participar do grupo e somente aceitou pelo interesse que tinha em conhecer profundamente o novo tema que estava surgindo.

Depois de alguns anos como "renegados", a escola de negócios ofereceu-lhes a oportunidade de tornarem-se uma unidade formal da faculdade, exigindo apenas que fosse estabelecida uma clara definição de missão, uma agenda de pesquisa e um programa para atrair e desenvolver um corpo docente. Jensen queria que o grupo fosse mais que uma formalidade — ele buscava uma cultura de abertura e respeito, alinhada em torno de uma visão comum. Desejava que aquele fosse um time genuíno, de um calibre raramente encontrado na academia.

Como Jensen nos contou:

> *Estávamos presos na lama, com as complicações de um grupo renegado que não fez parte da organização durante anos. Agora, estávamos nos tornando um grupo oficialmente aprovado dentro da Harvard Business School. Tivemos dificuldades em aquecer nossos motores. Não estávamos certos de que queríamos ser uma unidade aprovada. Gostávamos de ser renegados e ficar jogando bombas intelectuais uns nos outros.*

Quando o grupo encontrou Steve em julho de 1997 para ajudar nesse desafio, eles indicaram vários resultados que fariam a reunião inicial de dois dias ultrapassar qualquer expectativa. A maioria no grupo, incluindo um psicólogo de renome internacional, não acreditava que algum dos resultados pudesse ser atingido em somente dois dias.

Na reunião, Steve pediu para que eles listassem suas reclamações persistentes — iniciando a tatear o não dito. A seguir os convidou a dizer quais eram as reclamações — e os levou ao espaço do dito. Para fazer isso, era necessária alguma coragem por parte deles para abrir-se e dizer aquilo que não estava sendo dito. Depois de um silêncio que parecia interminável, Salter foi o primeiro a falar. Informou que ele e Jensen eram amigos, e que ele próprio tinha imenso respeito pelo trabalho do colega. Com um leve sorriso, acrescentou:

"Mike é, às vezes, cabeça-dura e não escuta". Disse isso de uma forma profundamente verdadeira.

Steve descreveu que as reclamações persistentes, por sua própria natureza, não eram uma descrição verdadeira de alguma coisa, apesar de serem verdadeiras enquanto reclamações. Eis o que aconteceu:

Salter: O que você quer dizer com "as reclamações não são verdadeiras"? Eu gosto de Michael, mas ele é cabeça-dura e não escuta. Pergunte a qualquer pessoa.
Steve: Esta é uma reclamação que você tem do Michael, correto?
Salter: Sim.
Steve: A natureza de uma reclamação é que algo não deve ser do jeito que é.
Salter: Correto, Michael não deveria ser cabeça-dura como é, e ele deveria ouvir.
Steve: Esta é sua reclamação do Michael, não é o Michael. É na verdade um julgamento do Michael.
Salter: Sim, este é meu julgamento do Michael.
Steve: É uma reclamação real, mas não uma descrição real dos fatos sobre Michael.
Salter: Hum... [longa pausa] eu não sei.

Como era tarde, Steve acrescentou: "Então pense nisso durante a noite, tudo bem?".

Na manhã seguinte, Salter entrou com um sorriso pela ideia que teve. "Pensei em nossa conversa de ontem durante toda a noite", disse empolgado, "e você tem razão. É somente uma reclamação persistente! Percebi que houve situações nas quais Michael obviamente ouviu. E, mesmo quando isso não acontecia, minha reclamação sobre isso não fazia a menor diferença. Entendi".

Salter viu algo de profunda importância para o desempenho. Quando alguma coisa está se escondendo no não dito, tem o sabor de ser profundamente verdadeira. Mas não é nada mais que linguagem — uma linguagem construída e que pode ser alterada.

Mais tarde, Salter reparou que essa pequena parte da linguagem do não dito o cegava para qualquer comportamento que a contradissesse. Em sua mente, o fato era que Jensen era cabeça-dura e não ouvia, e isso o deixou preso. Apesar de Jensen e ele continuarem a ter um bom relacionamento de trabalho, Salter sabia que não era tão bom quanto possível. Como Salter nos disse mais tarde, a produtividade e o aprendizado do time estavam reduzidos. O que a 2ª Lei nos revela é que essa redução — ou, como Jensen colocou, um senso de estar "preso na lama" — resultava do não dito em ação — nesse caso, determinando como Jensen "era" para Salter. Mais tarde, as conversas de Salter — consigo mesmo e com os outros — reforçavam o fato de que "Michael era cabeça-dura e não ouvia". Como Jensen ocorria para Salter o cegava em relação a seu comportamento, inconsistente com o rótulo que ele lhe atribuía. Ao mover a reclamação persistente do não dito para o dito, onde ela poderia ser reconhecida e discutida pelo que era, sua relação com Jensen se elevou — ou nas palavras de Salter: "Foi criada uma nova forma de clareza e abertura, acelerando o aprendizado da equipe". Uma vez que ele viu a reclamação pelo que realmente era, Salter pôde construir uma relação mais forte com Jensen, na qual poderia fazer novos pedidos para resolver suas preocupações originais. Salter elevou sua habilidade em ser um parceiro engajado no relacionamento. Todo esse movimento começou com a linguagem equivalente a limpar o armário.

Em 2007, entrevistamos Salter sobre o que se passou em todos os anos seguintes. Ele disse: "A noção de que o comportamento é uma função de como as situações parecem ser para a pessoa é tão cortante quanto uma faca quente na manteiga". Acrescentou: "É uma ideia formidável".

Por anos, aquele grupo ficou fugindo de ser uma unidade formal da faculdade dentro da Harvard Business School. Depois daquela seção, eles eram capazes, como grupo, de se comprometer a desenvolver uma estratégia para criar uma nova unidade da faculdade. Um mês depois, eles se encontraram e terminaram seu trabalho. O grupo foi aceito como uma unidade na Harvard Business School e com o passar dos anos tornou-se uma das maiores unidades da escola.

Reconhecer essa lei em operação gera um impacto dramático no desempenho, à medida que questionamos as definições construídas com absoluta certeza e que tornam o ambiente de trabalho tão intensamente conflituoso. À medida que as pessoas da Lonmin viam que suas conclusões sobre os outros grupos — gerentes sobre os sindicatos, cada sindicato sobre outros sindicatos, e assim sucessivamente — se escondiam no não dito, bloqueando espaço para ouvir, isso de repente os deixou em melhores condições de ouvir. Mesmo nos casos em que as pessoas estão trabalhando efetivamente com as outras — como o professor Salter na Harvard Business School —, existe a possibilidade de acelerar e elevar seu nível de desempenho liquidando-se o não dito. Quando as pessoas veem a 2ª Lei em ação, frequentemente deixam de estar absolutamente certas e dão um grande salto para a colaboração. Podem resolver o não dito juntas, em público — desatando os nós que as prendem e assim abrindo espaço. Como veremos no capítulo seguinte, as pessoas podem, dessa forma, preencher o novo espaço com uma nova visão que cria o que antes era impossível.

"Achei isso simplesmente incrível", nos disse Jensen. "Com todos os destroços em nosso caminho, provavelmente teríamos falhado no longo prazo se não tivéssemos vivenciado essa oportunidade de reflexão."

Você talvez perceba suas reclamações persistentes sobre as situações e outras pessoas. Considere que elas não residem na realidade, mas no não dito da linguagem, que tomam conta da ocorrência da realidade (lembre-se da ilusão da realidade). Observe que, à medida que você considera verdadeiras essas reclamações persistentes, está "sob o efeito delas" — ou seja, suas ações serão defensivas e consistentes com a forma pela qual a situação ocorre para você. Observar que esse comportamento é resultado da linguagem em ação torna possível transformá-lo — e veremos muito mais sobre isso no capítulo seguinte. De novo, observe os quatro elementos da operação de fachada: a reclamação, a maneira de ser, o ganho e o custo. Por ora, esteja atento às engrenagens do dito e não dito — a linguagem em ação. Não foram poucas as pessoas que afirmaram que essa descoberta inicia um efeito dominó de novas descobertas que alteram o desempenho.

Voltemos agora para o Polus Group, cuja jornada para encontrar e usar a chave do desempenho estava apenas começando. Como na Harvard Business School, eles tinham questões não ditas que precisavam ser examinadas. Mas, com tantas pessoas envolvidas, a confusão da linguagem e das soluções necessárias era mais complexa.

À medida que andamos nesta seção, você pode refletir como essa situação se assemelha à sua. Que descobertas você pode extrair deste exemplo que se aplicam a seu desafio de desempenho?

Estágio 0 do Polus Group

A situação no Polus Group foi construída em cima de uma rede de dinâmicas interpessoais, e cada nó era tão poderoso quanto o que aconteceu na Harvard Business School. O programa com riscos que Homma, o executivo de RH, descreveu no jantar com Steve ficou conhecido como "Estágio 0", que precisava acontecer antes de envolver todos os gerentes seniores, o "Estágio 1".

O Estágio 0 começou no final de 2001 com os quatro membros da família e sete outros membros da diretoria. Iniciando com uma série de entrevistas individuais bem profundas com os participantes, todo o grupo então foi convidado a participar de um processo de três dias baseado nas Três Leis do Desempenho. O processo permitiu que cada um e o grupo inteiro olhassem para seus pontos cegos, tanto individuais como coletivos (o não dito e não conhecido) de tal forma que os temas emergiram de seus esconderijos para o palco. O resultado, Steve prometera, era que as pessoas se desbloqueariam e um grande salto no desempenho seria conquistado — mesmo nas áreas em que as pessoas se sentiam mais travadas.

O estágio inicial desse processo é um dos mais difíceis, porque as pessoas passam a olhar para o lado escondido do não dito e a articular o que está ocupando o espaço para criar. Requer coragem dos participantes e intencionalidade por parte do facilitador.

Boa parte do primeiro dia consistiu em analisar as reclamações que as pessoas tinham. O ponto coletivo mais importante era o impacto da perda do líder. O que as pessoas diziam era: "Se ao menos ele estivesse aqui, saberíamos para onde ir". No final do primeiro dia, ninguém tinha certeza de que algo significativo seria alcançado. Diziam: "Esses problemas estão acontecendo há anos".

Como sempre acontece no processo em que as pessoas dormem com o assunto durante a noite, as coisas pareciam diferentes no dia seguinte, quando novas percepções começaram a se formar e permitiram às pessoas articular o não dito. Outros começaram a perceber que seu ponto de vista em relação à empresa e às outras pessoas era colorido pela perda de seu fundador e como eles interpretavam essa ocorrência. Começaram a perceber que estavam considerando verdade que o período de glória da empresa havia terminado e que nunca mais estaria numa posição de liderança na indústria. Assim, tudo o que restava para eles era aprender a viver dentro dessa nova realidade. Eles deveriam conquistar seus resultados de algum jeito fazendo o melhor possível nessa "fase difícil". Até o Estágio 0, tudo o que se passou foi o não dito.

Um ponto relevante deste capítulo: dar a voz para o não dito cria espaço. Se o processo tivesse parado naquele instante, essa área nova daria a chance para as pessoas escolherem uma nova direção para a empresa. O capítulo 3 mostra como tirar vantagem desse novo espaço para criar algo significativamente novo.

Steve usou diversos métodos para explorar o não dito. Em particular, mostrou a estrutura de uma operação de fachada e convidou o grupo a mapear essa estrutura na situação em que se encontravam.

À medida que as pessoas relatavam suas operações de fachada, a dinâmica da empresa passou a se alterar. O ganho de uma operação de fachada funciona somente porque ela opera sem ser percebida. Abrir uma operação de fachada tem o mesmo efeito de pendurar uma placa de sinalização "Aqui servimos bebidas" na frente do bar que se disfarçava de restaurante na época da lei seca. O disfarce se desmonta, a fachada não funciona mais.

Exemplo de operação de fachada de um grupo

Operação de fachada: Eles não estão liderando da maneira que o antigo presidente fazia.

Maneira fixa de ser: Resignado, triste, isolado e desligado.

Ganhos:	Custos organizacionais:
Fazer de "nós" pessoas com razão / e "deles" pessoas sem razão	Poder
	Eficácia
Autojustificativa do grupo evitando a dominação "deles"	Produtividade
	Vitalidade nos negócios
	Moral

As pessoas se conscientizaram de que, com essa operação de fachada, o futuro do Polus Group já estava escrito.

Voltando a seu desafio de desempenho, o que aconteceria se você abrisse sua operação de fachada para aqueles que são afetados por ela? A fachada perderia seu impacto, como o que aconteceu no Polus Group, e você precisaria então lidar com o contexto que realmente importa.

A maioria das operações de fachada começa com uma reclamação sobre a qual a pessoa sente que não tem o controle. Verifique se esse é seu caso também. Se for, ao abrir sua operação de fachada, você voltará à sua reclamação e poderá lidar com ela de uma forma mais poderosa. Vamos descrever essa parte do processo no capítulo seguinte.

Outro método que Steve e seu time usaram para sondar o não dito foi escrever uma carta para o fundador descrevendo como sua incapacidade os impactou. Steve pediu para que incluíssem na carta qualquer coisa que precisassem falar, perdoar ou ser perdoado, assumir a responsabilidade ou abandonar. Ao fazer isso, as pessoas usaram uma linguagem que sondava seus pontos cegos e traziam seus temas para conversas em que seu impacto poderia ser dissipado.

Conforme escreviam suas cartas, alguns choraram, outros observavam pensativamente, alguns riam de sua visão, do trabalho duro e do estilo gentil do fundador. Quando todos terminaram, leram suas cartas para o grupo. Parte da carta do Homma dizia:

> *Já se passaram três anos desde que o senhor [o presidente] ficou doente e foi retirado da gestão de nossa empresa. Ao tentar desenvolver nosso poder com um grupo, muitas vezes as coisas não deram tão certo quanto poderiam.*
>
> *Reconheço que, por trás de tudo, havia pesar e culpa entre nós e até com o senhor. E agora que posso reconhecer, estou abrindo mão disso. Sei que se o senhor estivesse aqui e pudesse falar algo, me encorajaria a fazer isso mesmo.*
>
> *Considero estas reflexões uma oportunidade para que possamos nos unir e criar uma nova visão. Temos vários gerentes poderosos aqui, e é uma vergonha não darmos um passo à frente como o senhor desejaria que fizéssemos. Estou seguro de que temos mais poder do que expressamos até o momento e isso nos colocou fora de nosso caminho. Meu compromisso com o senhor e comigo mesmo é que eu serei um líder na construção de um novo futuro.*

Algumas cartas expressaram gratidão a Nakauchi, agradecendo as oportunidades de carreira que ele dera. Outros disseram que o amavam e desejavam seu retorno. Lembraram as caligrafias enquadradas na sala de conferência, o respeito que ele tinha nos negócios no Japão e de líderes de governo, de seu começo vendendo bananas depois da Segunda Guerra Mundial.

À medida que as pessoas articulavam o que não haviam dito antes, surgiam temas que, até então, eram invisíveis. Os participantes começaram a trabalhar com a ideia de que, como a incapacidade do fundador era irreversível, e o que o impacto dessa perda significava para cada um aparecia na linguagem. Assim, embora eles não pudessem fazer nada em relação à condição de saúde do fundador (os fatos), poderiam alterar a maneira como a situação ocorria para eles. Escrever as cartas significou um grande passo em relação a vivenciar o não dito, deixando espaço para que algo novo fosse articulado.

Keitaro, o filho mais velho, chegou a duas conclusões à medida que as pessoas liam suas cartas. Primeiro, ele reconheceu que imaginava estar mostrando respeito por seu pai, quando na realidade isso estava bloqueando as pessoas. Quando o entrevistamos mais tarde sobre o programa, ele disse: "Pensei estar demonstrando responsabilidade para com meus irmãos ao insistir em seguir as estratégias de meu pai. Mas percebo agora que eu estava tirando a oportunidade de eles serem líderes". Novamente, articular o não dito cria o espaço para dizer algo novo.

Em segundo lugar, Keitaro disse que nunca se vira como um executivo. "Eu não era um líder capaz de liderar e coordenar pessoas. Era essencialmente o protetor do legado de meu pai".

Depois que esses pequenos trechos do não dito foram articulados, as pessoas conseguiram ter conversas que não poderiam ter antes. Keitaro anunciou que agora estava assumindo sua liderança e seu papel como "coordenador de pessoas". Ele acrescentou: "Agora estou pronto e quero que meus irmãos sejam líderes comigo". Akio calmamente afirmou que iria "envolver a comunidade de novas formas, como meu pai teria feito". Homma levantou-se, analisando todo o grupo, e declarou: "Não posso prever nosso futuro, mas farei com que as pessoas e os processos vivam em função dele, além do que nosso fundador teria desejado".

Sob a perspectiva da 2ª Lei, a maneira como a situação ocorria para a família e para os executivos se alterou. Foi de *Se ao menos ele estivesse aqui, saberíamos o que fazer a seguir* para *Nós podemos ir além do que nosso fundador desejava*. Essa alteração na maneira como o Polus Group ocorria trouxe à tona o novo e elevou o desempenho. As pessoas não estavam mais presas.

Observe que essas ações tiveram duplo efeito. Elas não somente trouxeram o não dito para o dito, e assim criaram espaço para o novo, mas também deixaram seu futuro mais incerto. Era como se, passo a passo, uma tinta branca estivesse cobrindo a tinta velha. Logo eles teriam um quadro branco o suficiente para criar um novo futuro.

Reescrever o futuro começa pela mudança na maneira como uma pessoa ocorre a si mesma. Pense no Laolang do capítulo 1, nos três irmãos e todos os executivos do Polus Group, assim como nos professores na Harvard Business School. À medida que as pessoas se movem do não dito para o dito, passam a ocorrer a si mesmas como mais capazes, mais poderosas, mais conectadas umas com as outras. Deixam de ser resignadas (parte da operação de fachada) para se tornarem inspiradas. Sua cultura de negócios, suas operações e os lucros dão um salto. Projetos que antes pareciam impossíveis passam a estar ao alcance agora. Essa é a essência da transformação: alterar o contexto e a substância da vida das pessoas e dos negócios, transformar tudo, até a si próprio.

Quando visitamos novamente o Polus Group em 2007, Keitaro ocupava a posição de estrategista e CEO. Ele afirmou: "Embora existam novos problemas e desafios, as questões do passado desapareceram".

Akio nos disse: "A principal coisa que aconteceu no programa é que pudemos conversar. E ouvir também. A diretoria e os gerentes não somente pedem minha opinião; eles realmente a desejam". Akio falou com confiança, dando ideias e realizando declarações sobre a estratégia da empresa.

Em 2007, a viúva de Nakauchi (mãe dos três garotos), que vendia bananas nas ruas de Tóquio no passado, disse: "Estava escuro quando meu marido nos deixou, mas as coisas realmente se iluminaram muito. Esses meninos tornaram-se líderes, a empresa cresceu, e a família está mais unida. Estou feliz".

Atualmente com mais de 2 mil empregados, a empresa está num vigoroso crescimento, com vendas de 110 bilhões de ienes (quase US$ 1 bilhão). De igual importância para os empregados, o Polus Group continua a receber prêmios pelos projetos, por sua responsabilidade ambiental e pelo relacionamento com a comunidade.

Onde o desempenho reside

O que os exemplos do Polus Group e da Harvard Business School mostram é que as pessoas procuram os ganhos de desempenho no lugar errado: tentar forçar conversas antes de criar espaço para elas. Vimos que, para criar espaço, é preciso reconhecer que a maneira como as situações ocorrem aparece na linguagem — e, de fato, a chave para o desempenho está na linguagem. Em particular, os bloqueadores do desempenho vivem no não dito, especialmente no *não dito, mas comunicado sem consciência*.

Existem ações específicas que os líderes podem tomar para penetrar no poder da 2ª Lei do Desempenho:

- Torne-se ciente de suas reclamações persistentes a respeito de pessoas e situações. Observe que elas circulam em sua voz interior.

- Reconheça que essas reclamações são interpretações dos fatos, e não os fatos em si.

- Veja os quatro elementos das operações de fachada: a reclamação persistente, a maneira de ser, o ganho e o custo. Veja suas operações de fachada em ação. Todos nós as temos.

- Tente viver a situação escrevendo tudo o que a envolve, incluindo: tudo o que precisa ser dito para os envolvidos, tudo o que você precisa perdoar ou ser perdoado, tudo em relação a que você precisa assumir responsabilidade e tudo aquilo de que você precisa abrir mão (incluindo a própria reclamação persistente).

- Comunique o que você descobre para outros em seu trabalho e na vida pessoal. Muitas pessoas consideram que essa ação traz um impacto significativo no desempenho.

No capítulo seguinte vamos explorar o que fazer uma vez que você criou espaço: como inventar um novo futuro que transforma a maneira como as situações ocorrem para as pessoas, levando-as a uma quebra de barreira no aumento de seu desempenho.

3
Reescrevendo o futuro que já está escrito

Em maio de 1997, Malcolm Burns, um australiano esquisito mas de fala mansa, caminhou até a frente de uma sala com cem executivos, gerentes e líderes de sindicatos e disse algo tão alto e surpreendente que muitos ficaram pensando no que tinha acontecido com o diretor executivo da empresa, a BHP New Zealand Steel.

A maioria dos presentes somente conhecia Burns por sua reputação. Quando ele entrou na empresa, o jornal local o rotulou de "Corta e Queima[1]" por sua reputação de cortar custos e empregados. Vários gerentes acreditaram que ele iria fechar a fábrica.

A fábrica parecia predestinada a fracassar, e fechá-la parecia o óbvio a fazer. A fábrica era muito pequena, não tinha economia de escala e produzia um aço relativamente caro. Diferentemente de várias empresas que faziam dinheiro produzindo e vendendo aço para o mercado interno, a BHP New Zealand exportava dois terços de sua produção e estava sujeita à flutuação de preços internacionais. Entre 1989 e 2004, os preços internacionais reduziram-se aos níveis mais baixos.

Como Ian Sampson, o responsável pela área de recursos humanos da fábrica, nos disse:

---

[1] "Slash and Burns" faz uma analogia entre o nome do executivo, Burns, com o verbo burn, queimar (N.T.).

Quando você pensa em nossa situação, esperávamos o impossível dos empregados. O número de empregados diminuía, mudanças aconteciam em todos os lugares, e o negócio estava construído em cima de uma referência técnica instável. Era amplamente conhecida a possibilidade de fecharmos por completo. E, mesmo assim, precisávamos que as pessoas fossem proativas, positivas, dinâmicas e mudassem dramaticamente as relações entre si.

Naquela reunião, Burns falou:

Acredito que fizemos uma série de bons planos e trabalhos eficientes, mas isso não nos levará ao sucesso. Fiquei sentado aqui pensando o que poderíamos fazer. E isso me gerou um problema. Sei que precisamos de um futuro que nos inspire, e não sou o tipo de pessoa que pode fazer isso. Sou um operador. Amo fazer as coisas acontecer, mas não sou um visionário. Eu não posso trazer esse futuro para vocês.

Vou implementar um processo que permitirá que todos colaborem para a criação desse futuro de que precisamos. Sei que esse é o caminho.

Sua voz estava ardente e apaixonada quando ele declarou:

Uma vez que o tivermos, se vocês ficarem comigo para torná-lo realidade, vocês serão meus parceiros. Se vocês não ficarem, lutarei contra vocês como um gato vira-lata. De fato, lutarei como um gato vira-lata com qualquer outra pessoa na sede que duvide de nosso futuro, com qualquer político cujas ações e políticas prejudiquem nosso futuro, com clientes e fornecedores que não nos apoiem na criação desse futuro, e com qualquer outra pessoa da comunidade cujas palavras ou atos possam trazer problemas a nosso futuro.

A reação da audiência passou de chocada a animada, com muitos levantando-se e aplaudindo; ele então gritou: "E, se vocês não acreditam que viverei para cumprir esse compromisso, *falem agora!*".

O que antes era um administrador técnico e quieto agora se tornou um orador articulado e até um líder carismático. No ano seguinte, ele lutou como "gato vira-lata" contra quem se opôs ao futuro que estava sendo criado, e foi parceiro daqueles que apoiaram a criação do futuro. Burns reescreveu seu próprio futuro e agora pensava em recriar o futuro da empresa.

Dois anos mais tarde, o trabalho estava feito. Às 6 da manhã de um sábado, 600 empregados se reuniram para dar adeus ao homem que não somente havia mantido a fábrica aberta, mas também a havia ajudado a florescer. O desempenho de segurança ampliou-se em 50%, os custos-chave reduziram-se entre 15% a 20%, o retorno sobre o capital empregado cresceu 50%, e a produção de aço bruto por empregado cresceu 20%. Tudo isso aconteceu simultaneamente a uma redução de 25% da força de trabalho, realizada de forma positiva, construtiva e cooperativa. A empresa manteve seu ritmo, e hoje é reconhecida como a única produtora de aço que opera de forma rentável sem ter a escala de outras plantas de produção de aço no mundo.

Durante a cerimônia de despedida, após a oração do capelão da fábrica e as bênçãos das tribos maoris, Burns presenteou a todos com uma escultura de aço da fábrica na forma de um gato vira-lata. Hoje ela está colocada com orgulho dentro da sala de conferência, onde todos podem ver e relembrar seu significado à medida que continuam a transformação da empresa.

O que produziu essa reviravolta? Foram algumas qualidades carismáticas que Burns desenvolveu? Foram os relacionamentos criados? Foram as melhorias implantadas nos processos?

Por toda a história, poucas pessoas excepcionais produziram resultados que deixaram os outros coçando a cabeça sobre o que tinha acontecido. Na maioria dos casos, seus seguidores não possuem a capacidade de fazer o que haviam feito, com seus esforços ocorrendo como totalmente não usuais.

Passamos anos estudando pessoas como Burns, e situações como a da New Zealand Steel, em que os resultados continuaram a acontecer após o líder ter se retirado. O objetivo deste capítulo é tornar esse estudo disponível a um grande grupo de pessoas.

O que aprendemos é que ganhos dramáticos em desempenho sempre se baseiam numa alteração na maneira como a situação ocorre para as pessoas, o que é capturado pela 3ª Lei.

> ### A 3ª LEI DO DESEMPENHO
> **A linguagem baseada no futuro transforma a maneira como as situações ocorrem para as pessoas.**

A 3ª Lei apoia-se numa distinção fundamental: há duas formas de usar a linguagem. A primeira é descritiva — usar a linguagem para interpretar ou representar as coisas como são ou como aconteceram. O teste para uma boa linguagem descritiva é se, ao descrever o mundo como ele é, usa-se uma forma articulada e precisa, assumindo-se que as pessoas veem o mundo como ele é. A linguagem descritiva é usada para olhar para trás, apontar tendências e prever o que acontecerá com base nelas.

A linguagem descritiva é útil e importante — tente andar na cidade de Nova York sem um mapa ou pedir um jantar sem um menu. Como você se sentiria se seu cirurgião não pudesse descrever os procedimentos que ele fará com você, ou se seu gerente de banco não pudesse descrever seu portfólio de investimentos?

A linguagem descritiva tem limites — você não pode criar algo novo simplesmente descrevendo o que foi e é. Usar a linguagem descritiva para falar sobre o futuro é limitá-lo a uma previsão baseado nos ciclos passados e na realidade atual.

O Barbados Group ficava curioso quando o resultado ultrapassava o que parecia ser possível. Em todas as situações que estudamos a forma pela qual as pessoas conversavam, a comunicação não era descritiva. Havia pouco ou nenhum prognóstico. As pessoas construíram novos futuros que não pareciam possíveis, mas se comprometeram com eles da mesma forma. As pessoas conversavam de uma maneira que chamamos de *baseada no futuro*.

A linguagem baseada no futuro, também chamada de linguagem generativa, tem o poder de criar novos futuros, construir visões e eliminar as viseiras que impedem às pessoas enxergar possibilidades. Não descreve como uma situação ocorre, mas *transforma* como ela ocorre. Faz isso reescrevendo o futuro.

O poder do futuro

Podemos nos aprofundar agora sobre o futuro — de onde vem, o que o sustenta e como a linguagem generativa pode reescrevê-lo.

Você pode ver o poder do futuro na questão *O dinheiro lhe traz felicidade?* A maioria das pessoas diz que não, mas a resposta é mais complicada. Pegue duas famílias, uma ganhando 200 mil por ano e a outra, 50 mil. No ano seguinte ambas esperam ganhar 100 mil. A primeira estará infeliz, e a segunda, feliz. Por quê? Porque não é o dinheiro que você tem hoje que o faz feliz ou infeliz, mas é o dinheiro que você espera ter, acredita ter, imagina ter, ou teme ter, que molda sua experiência em relação ao dinheiro nesse instante. A primeira família terá de fazer cortes, talvez vender a casa. A segunda comprará uma casa maior, tirará férias e comprará um carro novo.

Um princípio universal torna-se claro nesse exemplo: as pessoas vivem no futuro que vem até elas, e não no futuro atual que virá algum dia. A não ser que as pessoas façam algo de radical para alterar seu curso, o futuro que estarão vivendo é seu futuro automático. Por futuro automático não queremos dizer futuro inevitável — como envelhecer e eventualmente morrer —, mas o que estará acontecendo *em sua experiência*, independentemente de pensarmos muito ou não a respeito disso.

O nosso futuro automático é composto por nossas expectativas, medos, esperanças e previsões, tudo com base nas experiências do passado. Acidentes do passado funcionam como uma previsão, gerando o futuro automático.

Quando entrevistamos os empregados da New Zealand Steel sobre seu futuro automático, como indivíduos e como grupo, a foto era consistente: a fábrica fecharia, os efeitos econômicos destruiriam a pequena comunidade, algumas pessoas se aposentariam e nunca trabalhariam novamente, outras se mudariam e nunca mais voltariam. As pessoas da New Zealand Steel viviam no futuro automático lutando contra Malcolm Burns, ameaçando greves e fortalecendo os sindicatos.

No Polus Group no Japão o futuro automático era que nunca mais seria a empresa vibrante, a força motora que sempre havia sido. Os filhos fariam o melhor possível, mas sem o pai para liderá-los a empresa perderia sua dinâmica, piorando lentamente sua notoriedade e rentabilidade. Alguma forma menor da empresa sobreviveria, mas os melhores dias já haviam passado. As pessoas do Polus Group viviam em seu futuro automático ao ficar disputando e ao usar menos esforço do que era possível.

Na Lonmin no capítulo 1, o futuro automático era o de conflito, com os sindicatos brigando entre si e com os gestores. Mortes por aids, homicídios e acidentes nas minas não seriam prevenidos e criaria uma desgraça na comunidade. As pessoas da Lonmin lidavam com esse futuro automático e quase certo lutando por uma maior parte dos recursos e fazendo greves.

Em todas essas situações, o futuro automático é uma projeção do que aconteceu no passado, todos contados com a linguagem descritiva. Sem a linguagem generativa, as pessoas lutam pelo futuro, tornando-o paradoxalmente mais parecido com o passado. Lembre-se: tudo a que você resiste, persiste.

Observe que o futuro automático tem muito a ver com a maneira como as situações ocorrem no presente. A menos que façamos algo — algo diferente de lutar pelo futuro que acontece — o futuro se materializa em sua forma automática. E acontecerá assim, independentemente de quanto não gostamos dele ou tentamos resistir a ele.

O poder da linguagem baseada no futuro

A linguagem baseada no futuro projeta um novo futuro que substitui o que a pessoa vê acontecendo em sua direção. O futuro vai do automático para o que nosso editor Warren Bennis chama de *futuro inventado*.

A linguagem baseada no futuro é a responsável pelo fato de os momentos históricos terem tornado-se pontos de inflexão da humanidade. Benjamin Franklin inventou a palavra *americano* e, ao fazer isso, transformou 13 colônias em guerra numa nação. Suas palavras retiraram o que a maioria dos analistas políticos predizia como inevitável — que as colônias não falariam com uma voz. Quando Martin Luther King Jr. disse: "Eu tenho um sonho", criou esse sonho nos outros — e retirou o futuro automático da segregação racial.

As pessoas que ouviram as palavras de King e Franklin passaram a ver um novo futuro. Em última instância, à medida que essas palavras se enraizaram na consciência dos norte-americanos, as pessoas se envolveram em um novo futuro, agindo para torná-lo realidade. O futuro em que elas viviam se transformou, assim como suas ações.

Quando 52 homens escreveram e assinaram a Declaração de Independência dos Estados Unidos, o futuro de uma nação foi criado. Os escritores daquele documento não descreveram um novo futuro. Eles declararam o futuro de uma nova nação, que era uma ruptura com o passado e o começo de uma experiência social única. (Para repensar esse ponto pelo lado do absurdo: imagine o impacto que os Pais Fundadores teriam produzido se eles chamassem o documento de Descrição da Independência.) Hoje, os norte-americanos são o futuro daqueles 52 homens criado há mais de 200 anos.

Na Segunda Guerra Mundial, a forma como o conflito se apresentou para os ingleses foi transformada pelos discursos de Churchill. Do outro lado do Atlântico, as percepções dos norte-americanos sobre a guerra foram alteradas pelas famosas conversas com Roosevelt ao pé da lareira. Não foi porque Churchill e Roosevelt alimentaram as pessoas com uma imagem positiva sobre o que estava acontecendo. Na verdade, as pessoas reconheceram a difícil realidade dos acontecimentos, mas ao mesmo tempo os líderes inventaram um futuro no qual a vitória estava se criando no meio do sofrimento. Churchill e Roosevelt não tentaram temporariamente energizar os cidadãos e os soldados de seu país. Geraram, com seus discursos, um futuro que valia a pena viver, mesmo quando as circunstâncias pareciam sombrias e traiçoeiras. A linguagem baseada no futuro é produtiva em sua habilidade de inventar o que previamente não existia.

A paixão e a determinação de Churchill e Roosevelt ultrapassaram muito um discurso motivador. Um discurso motivador empolga o povo durante uma hora e logo se dissipa quando a vida volta ao normal. A motivação faz com que as pessoas se sintam bem sobre si mesmas, até mesmo inspiradas. Mas esses sentimentos não substituem o futuro automático que elas estão vivendo.

O ato de criar um novo futuro substitui qualquer futuro automático que esteja no lugar. Tem o poder de permanecer.

Vamos voltar agora a seu desafio de desempenho. Pense como essa situação ocorre para você. Observe que, mesmo que não seja de propósito, você pensa em eventos do passado. Sua voz interior os descreve e, baseado no que aconteceu, prediz se a situação acontecerá novamente ou não.

Considere o futuro em maior detalhe, para você, sua família e sua empresa. O que acontecerá se as coisas permanecerem como sempre foram? Você está resistindo ou lutando para fazer algo acontecer ou não acontecer?

O seu futuro automático possui algum espaço para criar algo novo ou está todo ocupado?

E se, nesse instante, você pudesse substituir aquele futuro por outro? Não um futuro baseado no que aconteceu antes, mas algo realmente novo? E se o futuro que você vê se aproximando se alterasse substancialmente, passando de automático a inventado?

Observe também a relação entre seu futuro e como as situações ocorrem para você. Veja que, se você reescrever seu futuro, você o estaria vivendo *agora*. Reescrever o futuro altera como as situações ocorrem neste momento.

Imagine-se como uma daquelas pessoas que podem criar um futuro que você e outros poderiam viver por anos e décadas. Para fazer isso, é necessário criar um espaço totalmente em branco e então fazer declarações que preencham aquele espaço.

As condições necessárias para a linguagem baseada no futuro

Você não pode fazer uma pintura nova em cima de outra pintura. Você não pode escrever uma sentença numa página que está repleta de escrita. Você não pode criar um novo futuro quando já há um vindo em sua direção. Antes de criar algo, é necessário ter espaço vazio. O quadro precisa estar branco, assim como a página. E o futuro que você está vivendo agora precisa, de alguma forma, ser esvaziado.

Mas como esvaziar o futuro que você está vivendo atualmente?

Há três dimensões para o processo de "esvaziar o quadro", e as pessoas navegam entre elas até sentirem que possuem espaço para criar algo novo.

A primeira dimensão é *ver que aquilo que nos segura e nos limita não são os fatos, mas a linguagem — em particular a linguagem descritiva*. Abordamos essa parte do processo no capítulo 2, quando a família e os executivos do Polus Group investigaram o não dito para capturar os temas dos quais eles não tinham consciência. Como vimos, as questões que se escondem no não dito ocorrem como fatos. Quando nos conscientizamos disso e nos tornamos capazes de expressá-los e articulá-los, o que se apresentou como um fato para nós se torna apenas uma interpretação do fato. Somos capazes de perguntar: Quais interpretações nos dão poder? Ou liberdade? Ou autoexpressão?

Os nós começam a ser desatados à medida que percebemos que não estamos ligados aos fatos da vida, mas aos nós da linguagem. No Polus Group, as pessoas não podiam alterar o fato de seu fundador estar incapacitado, mas podiam dizer algo sobre suas reações em relação a esse fato. O que foi visualizado como um futuro certo passou a ser somente um dos futuros possíveis, e nesse momento outras possibilidades começaram a surgir.

A segunda dimensão é *falar sobre o futuro automático e perguntar: "Nós queremos mesmo esse futuro?"*. No capítulo 1, Brad Mills liderou a comunidade (e a si mesmo) a perceber que, a menos que algo de radical acontecesse, a comunidade continuaria a ser flagelada pela aids, homicídios, acidentes nas minas e pobreza — independentemente de quanto eles lutassem contra isso. No Polus Group, as pessoas perceberam que a empresa estaria destinada à obscuridade. Em ambos os casos, o futuro automático se alterou de nebuloso para claro. Ao fazer isso, as pessoas viram sua realidade e foram unânimes em declarar: *Nós não queremos isso!*

Em ambos os casos, as pessoas tinham um vago senso de que os eventos as levavam para a direção errada. Uma vez que pararam, respiraram e sondaram para reconhecer o futuro automático que estavam vivendo, passaram a ter a escolha de construir um novo futuro. Até que conversem sobre seu futuro automático — o futuro que está conduzindo sua vida — as pessoas não serão capazes de optar por uma direção diferente.

No início deste capítulo, sugerimos que você pare e pense qual é seu futuro automático, em especial em relação a seu desafio de desempenho. Como os executivos da Lonmin e do Polus Group, você poderá perguntar-se: É esse o futuro que eu realmente quero? Se a resposta for positiva, comprometa-se com esse futuro e o transforme em realidade. Se não, continue a ler o livro — a seção seguinte mostra como criar algo novo. Até que você possa falar sobre ele e reconhecer que ele não é inevitável e necessário, mas uma construção de linguagem, é impossível fazer uma escolha. Em vez de escolher, sentimo-nos constrangidos a encontrar uma saída.

Assim que as pessoas passaram pelas duas partes do processo — reconhecer que o futuro automático aparece na linguagem e que ele se cumprirá a não ser que algo incrível seja feito —, passa a existir espaço para que possam criar algo de novo.

Você alguma vez tentou colocar suas mãos nas algemas chinesas, aquelas com que as crianças brincam? Você coloca um dedo em cada lado da "algema" e, ao tentar tirar os dedos, a única coisa que acontece é que a "algema" fica mais apertada. Quanto mais você puxa, mais a "algema" se aperta. Paradoxalmente, a maneira de se livrar dessas "algemas" é na direção oposta, aproximando os dedos para tornar a armadilha mais solta.

Da mesma forma, quanto mais você reconhece a verdade sobre o futuro que você está vivendo, mais condições terá de se livrar das amarras negativas de sua vida e de seu negócio, e mais espaço terá para criar algo novo.

A terceira forma de criar um espaço em branco é a mais poderosa: resolver questões pendentes do passado. Este é o tema da seção seguinte.

Finalizando: a linguagem generativa que cria espaço

Na década de 1990, os consultores conduziram um programa de liderança na Minas de Cobre Tintaya, no Peru, a 4.200 metros de altitude nos Andes. Inicialmente aberta pelo governo em 1985, foi privatizada em 1994 e comprada pela Magma Copper Company. Antes da aquisição, foram negociados acordos com seus dois sindicatos por um prazo de somente um ano. O resultado foi um estado de constante argumentação, divisões e disputas. Às vezes os trabalhadores não eram pagos e apelavam com ações desesperadas. Certa ocasião, o sindicato sequestrou um executivo sênior pedindo como resgate seus salários, e no processo de "negociação" o fez andar de joelhos até uma igreja no centro da cidade para implorar perdão. O governo respondeu a esse como a outros incidentes mandando tropas do exército, e na libertação do executivo várias pessoas foram mortas ou feridas. Um homem que apenas estava observando levou um tiro no rosto, ficando permanentemente desfigurado.

À medida que seus ferimentos foram cicatrizando, aquele homem tomou uma série de decisões sobre todos os erros ocorridos. Primeiro, decidiu que o que acontecera com ele não fora somente tragicamente injusto, mas resultado de um sistema injusto. Segundo, ele nunca mais permitiria que algo semelhante acontecesse novamente. Terceiro, para ter certeza que nunca mais seria machucado daquela forma, decidiu vigiar constantemente qualquer autoridade responsável.

Apesar de ter tomado essas decisões em função do que lhe havia acontecido no passado, tratava-se na realidade de decisões sobre o futuro. Ele não era capaz de conceber que o futuro poderia ser diferente do passado. Seu futuro automático estava tumultuado com os resultados e as decisões a serem tomadas, que ocorriam para ele como fixas, fechadas e determinadas.

Observe que o resultado era uma operação de fachada — sua reclamação era que as pessoas o trataram de forma injusta, e seu comportamento era estar vigilante. Havia um claro ganho dividido em duas partes: evitar a dominação da situação e manter-se como a pessoa certa na situação. Havia também perdas: vitalidade, autoexpressão, liberdade e prazer.

Para lidar com uma operação de fachada, é necessário considerar o que apresentamos no capítulo 2. Precisamos ter consciência de todas as quatro partes: a reclamação, a maneira de ser, o ganho e o custo. Na maioria dos casos, é necessário *completar-se*[2] em relação ao evento ocorrido no passado e que agora vive em seu futuro automático.

Completar-se significa levar o acidente do futuro automático para o passado. Esse processo implica muito mais que "buscar um

---

[2] Assim como o verbo ocorrer é usado, neste livro, para dar ênfase a um determinado significado, o verbo completar (*to complete*) é empregado com o sentido de resolver pendências passadas, tornando-as completas. Dessa forma as pendências passam a existir apenas no passado, permitindo que algo novo seja criado (N.T.).

fechamento" ou "começar um processo de cura". Se você completa um evento, ele não vive mais em seu futuro. Você se lembrará dele e ele lhe trará informação, mas não direcionará suas ações. Também não colorirá a maneira como as situações ocorrem para você. Você se livrará dele para sempre.

Pense em seu desafio de desempenho. Há alguém envolvido em relação a quem você se sente distante? Há talvez uma sensação de que falta algo? Com base em nossa experiência, sabemos que, quando alguém olha para algo, sabe que há alguma coisa. O que você está vendo é *estar incompleto* — algo que vive em nosso futuro, alguma bagagem do passado. Uma definição de dicionário sobre incompleto é "falta de parte ou partes, não completo". Outra definição é "incompleto". Um assunto incompleto pode ser sobre sua empresa atual, sua antiga empresa ou até mesmo sobre outra pessoa ou grupo de pessoas. Uma situação incompleta reside na ocorrência, não nos fatos. Geralmente diz respeito ao *não dito, mas comunicado*.

À medida que você continuar a encontrar situações incompletas, veja se algo dispara uma sensação de alguma coisa perdida, distante ou não terminada. Alguns lugares para procurar: ressentimentos, arrependimentos, falta de integridade (como quebra de um acordo), falta de reconhecimento por sua contribuição ou pela contribuição de outra pessoa, ou participação numa fofoca (atacando o alvo da fofoca).

Você pode recordar um incidente sobre o qual você tem consciência de algo incompleto, mas que está guardando para si. Você também pode sentir que algo está errado, mas não consegue colocar o dedo no que é. Em ambos os casos, você poderá usar a linguagem baseada no futuro para completar o incidente.

Não há uma receita para completar as coisas, mas há um movimento básico da conversa:

1. *Comece a conversa com a pessoa com quem você precisa completar algo*. Crie uma situação na qual completar essa questão é benéfico para o relacionamento.

2. *Conte o que aconteceu — o que você decidiu, o que você fez ou não fez, que está entre você e a outra pessoa.* Uma vez que foi você que tocou no assunto, você deve assumir a responsabilidade por ter afetado o relacionamento. Isso pode chegar até o nível em que você pede para ser perdoado. Observe que o uso da linguagem é muito mais poderoso que a linguagem descritiva: "Reconheço e assumo a responsabilidade por isso". O próprio ato de declarar isso é uma ação: o reconhecimento é criado no momento que você fala essas palavras.

3. Assuma qualquer ação necessária, como perdoar ou abandonar uma operação de fachada. Quando abandonamos algo, perdoamos ou somos perdoados, um novo espaço se abre. Novamente, essa parte da linguagem requer o uso da linguagem generativa como: "Estou abandonando o rancor que fiquei guardando por anos"

Criar um novo futuro demanda compromisso constante em completar as coisas com todas as pessoas envolvidas. Ao fazer isso, cria-se e mantém-se um espaço em branco dentro do qual um futuro pode ser criado.

Uma questão que pode surgir é: "E se eu não puder entrar em contato com a pessoa com quem tenho algo incompleto?". Em alguns casos, a pessoa pode ter morrido. No caso do homem de Tintaya, o soldado que atirou nele não foi identificado. Ele completou o acidente com o presidente da mina, Lee Browne, que não tivera envolvimento no ocorrido, mas, na cabeça do homem, representava a autoridade que o havia machucado. Lembrando que estar incompleto diz respeito a como uma situação ocorre, você pode encontrar alguém que assumirá o lugar da pessoa perdida. Você pode escrever o que diria a essa pessoa como se ela ainda estivesse viva, e ler o texto como se a outra pessoa estivesse presente. Se fizer isso, você ficará surpreso com quão real isso parecerá. Mesmo que a pessoa tenha falecido, ela continua a viver em sua experiência.

À medida que examinar seu desafio de desempenho, verifique quais são suas situações incompletas. Veja também como você pode iniciar a conversa com a pessoa em seu negócio ou em sua vida para completar essa questão. Adicionalmente, pergunte-se se há algo que pode ser feito para demonstrar seu compromisso em completar esses assuntos.

Uma vez que Browne e os outros executivos souberam como a face do homem havia sido desfigurada, organizaram-se e pagaram uma cirurgia plástica de reconstrução. Aquele homem transformou-se de um cínico emburrado em um líder de sindicato totalmente comprometido. Em função de seus esforços e de muitos outros, toda a empresa foi alterada. Nas palavras de John Hetrick, o ex-responsável pela área de recursos humanos da Tintaya: "Ao aplicar as Três Leis do Desempenho, não somente transformamos a empresa numa organização de alto desempenho, mas nos tornamos o modelo para o resto da América do Sul que mudou fundamentalmente a indústria nos anos seguintes".

Você poderá marcar esta página e reler a primeira história do capítulo 1, sobre Antoinette Grib e Selinah Makgale. Você verá que o que realmente aconteceu foi que Selinah completou seu ressentimento em relação às mulheres brancas e poderosas. Antoinette não estivera envolvida no incidente original, mas pôde se colocar no lugar dessa pessoa. Independentemente de qual seja o problema, de quanto tempo durou ou mesmo de a pessoa envolvida estar ou não viva, você pode encontrar uma maneira de completar a questão. Ao fazê--lo, você estará liberando espaço para o futuro. Na África do Sul, as pessoas se completaram (para si mesmas) em relação ao racismo, ao homicídio, à exploração e até ao apartheid.

Vale a pena dar uma pausa por um momento e imaginar nosso mundo com todas as pessoas comprometidas em se completar e permanecer completas umas com as outras. Quão diferente seria este mundo?

Um passo para trazer essa visão para a realidade é usar os grupos de discussão, a fim de completar qualquer pendência que você tenha.

Assim que o homem nos Andes completou seu incidente, passou a enxergar os gerentes de uma nova óptica, ou seja, eles ocorreram para ele de uma nova forma. O homem pôde reconhecer que eles não eram quem o machucara. Pela primeira vez, ele pôde criar um novo futuro — para ele, para suas relações com a empresa e para as relações com as pessoas com quem ele trabalhava.

Uma vez que o assunto for conduzido para o passado, você sentirá uma compulsão em criar algo novo e vivo. Outra forma da linguagem baseada no futuro é a declaração, que é tema da seção seguinte.

Declaração: o tipo de linguagem que cria o futuro

Toda linguagem generativa baseia-se em *atos expressos* — uma ação realizada por meio da linguagem[3]. A parte mais fundamental dos atos expressos é a declaração, que traz o futuro possível à existência. Um futuro declarado não é um sonho ou uma esperança, mas um futuro que você se compromete a realizar.

Quando você investe seu dinheiro, assume um compromisso e riscos. Quando investe num futuro possível para você, sua vida, seus relacionamentos ou sua empresa, você se arrisca. Por que você faria isso? Porque criar um novo futuro faz de você o autor de sua vida de uma forma que poucas pessoas imaginaram.

Investir em você mesmo e colocar-se em risco é essencial para reescrever o futuro. Fazemos isso *comprometendo-nos*, que é outro ato expresso. Colocamos tudo em risco pelo novo futuro. Quando os 52 homens criaram a Declaração de Independência dos Estados Unidos, o documento cresceu em seriedade pela declaração final: "Damos garantia uns pelos outros, com nossa vida, com nossas riquezas e nossas honras sagradas".

---

[3] Esta seção usa trabalhos de John R. Searle e John L. Austin em *Speech Acts* [Atos expressos], Cambridge University Press, 1969; e em *How to Do Things with Words* [Como fazer coisas com as palavras], Harvard University Press, 1969.

A seguir assinaram seus nomes, comprometendo-se literalmente com a própria vida. Naquele momento, uma guerra contra a Inglaterra se iniciava.

Isso nos leva a inventar um futuro que realmente aconteça. Da mesma forma que o futuro automático não é certo, um futuro criado também não é um negócio fechado. O que inventamos é uma *possibilidade* para a qual dedicamos todo o nosso ser. A Declaração de Independência criou a possibilidade de liberdade, e as pessoas viveram naquele novo futuro e o tornaram realidade pegando em armas e lutando. Depois que a vitória foi conquistada, o futuro inventado alterou-se de uma possibilidade para uma realidade com a criação da Constituição dos Estados Unidos da América.

Podemos ver todas essas peças, incluindo o compromisso, juntando-se quando o Polus Group continuou após o falecimento de seu fundador.

A vida após o Estágio 0 — criando um novo futuro

Depois do programa inicial, a família e os executivos do Polus Group tinham o espaço para criar um futuro novo que substituiria o futuro automático de *nenhuma liderança porque o fundador não voltaria mais*. Eles criaram um time de 60 pessoas, incluindo eles e os gerentes mais antigos, das três principais divisões da empresa.

O trabalho começou alguns meses depois, em janeiro de 2002, e levou seis meses para se completar. O objetivo do processo era desenvolver um futuro no qual todas as pessoas tivessem uma voz autêntica no processo. Diferentemente da maneira pela qual a maioria das declarações de visão são construídas, não havia gabaritos ou consultores conduzindo diretamente o processo. O futuro emergiu do grupo, trabalhando por dois dias ao mês, durante seis meses, normalmente uma viagem de montanha-russa de conversas caóticas e criativas, com longas e agonizantes sessões de alinhamento.

O processo na sala envolveu pessoas fazendo propostas que eram escritas no computador e projetadas num telão. O facilitador verificava se alguém não estava alinhado com a proposta. Mãos se levantavam e uma pessoa era escolhida de forma randômica. Quem era escolhido ia para a frente e apresentava uma contraproposta. As duas pessoas a seguir interagiam até chegar a um alinhamento. Os dois perguntavam então se alguém mais não estava alinhado. Esse processo continuava até que nenhuma mão se levantasse mais.

Esse longo e interativo processo continuou até que o grupo produziu não somente um novo futuro, mas também um novo modelo de negócios que tornaria aquele futuro realidade, assim como resultados estratégicos para o ano 2012, que seriam a realização do novo futuro. Os resultados incluíram medidas tangíveis do futuro a ser realizado.

Aqui está o futuro que foi desenhado em 2002 (traduzido do japonês):

O futuro poderoso do Polus Group em 2012

As possibilidades para o Polus Group em 2012 são:

1. Ser a corporação criadora de um valor de vida que atrai a atenção do mundo todo.
2. Ser a corporação tão vibrante com a vida que novos projetos de negócios apareçam um depois do outro por meio das ideias e criatividade dos empregados.
3. Ser a corporação número 1 em popularidade e interesse, um lugar onde profissionais de nível mundial, estudantes e os filhos de nossos funcionários adorariam trabalhar.

Nós, do time de desenho do futuro do Polus Group, prometemos cumprir esse futuro em quaisquer circunstâncias.

Depois de meses de trabalho, todos alinharam-se a esse futuro. Naquele momento, todos e cada um individualmente experimentaram um entusiasmo raramente visto numa organização. As pessoas sentiam-se orgulhosas pelo que haviam construído, e a maneira como a situação ocorria para elas mudou de O *que faremos sem nosso fundador?* para *Este é um tributo poderoso que o fundador apreciaria muito.*

O futuro passou de obscuro, com um aterrador remorso, para uma visão clara e comprometida, gerada pelas próprias pessoas. Os semblantes alteraram-se, os corpos mudaram a postura e crença e motivação iluminaram a sala. O poder que as pessoas experimentaram foi ilustrado pelo comentário de um dos gerentes seniores: "Eu me senti como um xógum deve ter se sentido".

O que ele disse demonstrou uma troca na relação com o futuro. Na cultura japonesa (como em outras), somente o chefe — e o chefe supremo, o xógum — é chamado para dar os tiros. Quando nos conscientizamos de que temos o poder de declarar e nos comprometer com um novo futuro, o mundo ocorre como se você fosse o xógum.

Até que as pessoas no Polus Group pudessem escrever um futuro que elas viveriam e fariam o necessário para que acontecesse, ficaram travadas tentando resolver uma situação sem solução. Ao substituir o futuro automático com sua própria criação, as pessoas passaram a viver um futuro otimista e motivador de forma coletiva. Os problemas antigos simplesmente foram deixados de lado, e o desempenho de todos alterou-se. Toda a empresa transformou-se, tornando-se vibrante, atraindo os melhores e mais brilhantes, sendo parceira da comunidade e crescendo como nunca seu fundador havia imaginado.

A maioria das pessoas não veem o potencial da linguagem generativa por causa da amplamente difundida linguagem descritiva. Aqueles que fazem isso frequentemente não consideram os fundamentos desse potencial. Vamos agora tratar desses fundamentos.

Princípios para gerar um futuro novo

Gerar um futuro novo representa um afastamento radical da forma como os executivos normalmente conduzem mudança. Normalmente, as decisões da alta direção acontecem em relação a uma nova estratégia, normalmente alinhadas com as recomendações de seus consultores. A seguir, os executivos a disseminam pela empresa a fim de alcançar compreensão e obter o envolvimento das pessoas. Mesmo com toda paixão e persuasão, essa abordagem comum não altera a maneira como as situações ocorrem para as pessoas, e acabam não conquistando aceitação. Em vez disso, as pessoas *falam sobre* a estratégia. Nada de fundamental se altera. O futuro automático é o mesmo e domina os melhores esforços e intenções dos executivos.

Princípio 1: o futuro inspira a ação

Criar um futuro novo com um grande grupo requer um caminho radicalmente diferente. Mais importante, começa com uma intenção diferente: trocar as conversas improdutivas por conversas que estabelecem um futuro tão vibrante que as pessoas se tornem ávidas por ele. Esse futuro cria o senso de urgência, e as ações das pessoas correspondem a ele. As pessoas passam a fazer coisas que antes pareciam formalmente impossíveis. Tudo isso acontece junto com um desempenho extraordinário.

A questão seguinte está no coração do desenho de trabalhos que geram novos futuros: Quais são as conversas perdidas na organização que, se criadas e implementadas, levariam as pessoas a novas ações por novos caminhos? Para quem estiver interessado em liderança organizacional, entraremos em detalhes nesta ideia no capítulo seguinte.

Cada organização, assim como cada pessoa, é única. A arte consiste em saber onde começar para acelerar a propagação de um futuro que traga as pessoas para ele, que contenha novas possibilidades, novos níveis de resultados a serem alcançados, até novos níveis de satisfação e autoestima.

Princípio 2: o futuro fala para todos no processo

Doug Young, o vice-presidente da Northrop Grumman, é um dos novos líderes no esforço em colocar veículos no espaço. Sua aparência transmite uma profunda curiosidade intelectual. Com seus gestos precisos, ele demonstra o tipo de exatidão que é requerido para gerenciar os milhões de detalhes de seu trabalho.

Em 2001, os estrategistas da Northrop Grumman reconheceram que, para continuar a crescer, a empresa precisava expandir-se para outros mercados além da defesa. A exploração do espaço tornou-se uma oportunidade óbvia. De acordo com Young: "Poderíamos nos alavancar com o que fazíamos para o mercado de defesa. Estávamos investindo nesse novo mercado, e [naquele tempo] a Nasa procurava alternativas de parceria com fornecedores".

Depois de quatro dias de trabalho com 70 pessoas usando as Três Leis do Desempenho, Young ficou surpreso, pois os resultados foram além de suas expectativas. Em suas palavras, as pessoas não somente "passaram pelos tempos difíceis" e "criaram um time real", mas de forma surpreendente "definimos nosso papel dentro da empresa e o novo mercado. Nós, de repente, nos consideramos um fornecedor principal e crível para o próximo programa Apollo... uma experiência muito positiva".

Durante o programa, um dos participantes foi para a frente durante o intervalo e disse: "Eu vim [para este processo de facilitação] porque fui obrigado. Entretanto, durante nossa discussão, lembrei porque entrei nesse negócio, que era a viagem espacial". Para ele, aquela missão era maior que qualquer empresa ou competidor. "Agora, estou novamente ligado", ele disse. "Nós vamos viajar no espaço!"

O que tornou esse esforço um sucesso — em adição ao que já discutimos — é que as pessoas sentiram que o novo futuro satisfazia suas necessidades. Engenheiros espaciais, como qualquer outro profissional, entram em sua profissão buscando fazer a diferença. Um futuro novo e motivador oferece a oportunidade para fazer a diferença, tanto individual como coletivamente. O engenheiro espacial que disse "Estou novamente ligado!" encontrou essa oportunidade. Quando todos se encontram nessa situação, as pessoas puxam a realidade para aquele futuro e para o sucesso de todos.

Com o tempo, a motivação que inspirou as pessoas na Northrop Grumman poderia diminuir, mas o futuro estava lá para ficar.

Princípio 3: o futuro existe no momento em que se fala

Em outra mina de propriedade da Magma Copper, os executivos, gerentes e representantes do sindicato engajaram-se em reescrever seu futuro. Houve uma forte discussão a respeito de se eles deveriam ou não incluir em sua declaração "sendo uma família". Um executivo apegou-se ao ponto que a família não tinha nada a ver com negócios. Quando a conversa esquentou, ele disse: "Não posso mandar embora minha família!". Depois de horas de idas e vindas nas conversas, ele reconheceu que "é mais importante que este grupo se aproprie dos resultados" do que qualquer outra coisa. E disse para o grupo: "Eu não sei o que estava pensando. Nós somos uma família!".

A sala explodiu. Todos levantaram-se comemorando. Era como se cem pessoas de repente estivessem falando em uma voz. Ao se declararem como uma *família*, a experiência de família ocorreu na sala, e aquela experiência tornou-se um elemento crítico para o futuro da empresa.

A linguagem baseada no futuro não descreve nada na realidade atual. No lugar disso, cria um futuro possível no qual quem fala empenha sua palavra *no instante em que está falando*. Por exemplo, quando um padre ou um juiz diz: "Eu os declaro marido e mulher", um casamento é criado no momento da palavra, e um novo futuro é estabelecido para o casal. Quando as pessoas assinaram seu nome na Declaração de Independência, o futuro possível que conhecemos hoje chamado de Estados Unidos da América foi criado.

Pare um momento e pense em um futuro para você e para os outros que possa:

- Inspirar ações para todos os envolvidos.
- Preencher as necessidades de todos os envolvidos — você, sua família, aqueles que trabalham com você.
- Ser vibrante e inspirador no momento em que você o declara.

Como na New Zealand Steel, no Polus Group e na Northrop Grumman, criar um futuro leva tempo. São necessárias ideias e criatividade de sua parte e de muitas outras pessoas. Estará pronto quando todos os envolvidos disserem: "Isso fala por mim!" e derem sua palavra para torná-lo realidade.

Construindo empresas e vidas em torno de futuros

Malcolm Burns da New Zealand Steel era um líder incrível, pois deixou que outros construíssem um futuro inspirador. À medida que o futuro se desenvolveu, Burns tornou-se o corpo e a alma desse futuro. Ao contrário de líderes que criam dependência, quando Burns deixou a New Zealand, a empresa dependia somente de si mesma e era autogeradora. As pessoas na empresa e na comunidade eram os autores de seu próprio futuro.

Os líderes podem realizar ações específicas para construir um futuro que os leva a si próprios e outras pessoas a vivenciá-lo:

4. 1. Comprometa-se com a disciplina de completar qualquer assunto que pareça incompleto.
5. 2. Fale sobre o futuro automático — o que o passado está lhe dizendo que acontecerá?
6. 3. Pergunte: *Realmente queremos esse futuro automático?*
7. 4. Se não, comece a especular com as pessoas qual futuro: (a) inspiraria ações para todas as pessoas; (b) atenderia as necessidades de todos os envolvidos; (c) seria real no momento de expressá-lo.
8. 5. Ao encontrar pessoas que não estão alinhadas com o futuro, pergunte: *Qual é sua contraproposta?*
9. 6. Continue trabalhando até que as pessoas se alinhem — quando disserem "Isto fala por mim!" e se comprometerem com o novo futuro.

A Parte II a seguir traz as Três Leis em relação à liderança: liderar outras pessoas e transformar toda a organização em líderes globais. Para os leitores que não estiverem interessados em temas organizacionais, sugerimos que passem direto para a Parte III.

PARTE II

REESCREVENDO O FUTURO **DA LIDERANÇA**

4

Com tantos livros sobre liderança, por que existem tão poucos líderes?

> "Um líder é mais eficaz quando as pessoas mal sabem que ele existe. Quando seu trabalho é feito e seu objetivo é atingido, suas equipes sentirão que foram elas próprias que conquistaram o objetivo."
> — *Lao Tzu*

Este capítulo é sobre o tipo de liderança que aparece nas Três Leis do Desempenho — a liderança que tem o poder de reescrever o futuro de um grupo, uma organização, talvez um país. O resultado desses esforços é um sucesso fora do comum, com o efeito que Lao Tzu disse — líderes que agem como catalisadores, com as pessoas a seu redor sentindo como se o trabalho tivesse sido realizado por elas mesmas.

Não é uma tarefa fácil tornar-se esse líder, em parte porque os especialistas não concordam com o significado de liderança, como desenvolvê-la ou como se parece quando as pessoas fazem o que devem fazer corretamente. Warren Bennis escreveu na edição de janeiro de 2007 de *American Psychologist*: "É quase um clichê na literatura a falta de uma definição sobre a liderança". Joseph Rost foi além quando escreveu em seu livro *Leadership for the Twenty-First Century*

[Liderança para o século XXI]: "Os estudiosos não sabem o que estão estudando, e os praticantes não sabem o que estão fazendo".

Apesar das confusões e contradições entre os especialistas, algumas pessoas realmente se tornam líderes. Em geral, elas precisam confrontar o fato de que quase tudo o que acabam conhecendo por liderança é, no melhor dos casos, alguma coisa diferente — empreendedorismo, gestão, marketing ou disciplina pessoal.

Paul Fireman é um desses líderes.

O rápido crescimento da Reebok

Paul Fireman nasceu em Boston e, seguindo suas raízes ianques, fala o que pensa de forma direta. Com um sotaque da personagem de Matt Damon no filme *Good Will Hunting* [Gênio indomável], ele parece uma pessoa normal, mas com energia e entusiasmo que o tornam diferente. Fireman é genuíno, engraçado e sem rodeios. Está sempre disponível para piadas, histórias e anedotas. Sua simpatia torna-se uma paixão quando ele fala sobre vendas, marketing e empreendedorismo.

Quando adolescente, Fireman desenvolveu uma paixão pelo golfe trabalhando como ajudante. Ele agora possui campos de golfe e, de acordo com a revista *Forbes*, é um das 700 pessoas mais ricas do mundo. O que torna sua história única é que ele construiu um império como empreendedor, entregou-o para "profissionais", viu esse império cair, reconquistou o controle e o reconstruiu mediante o fortalecimento de outras pessoas — e todas, como Lao Tzu disse, sentem que fizeram isso por conta própria.

Em 1979, Fireman, ao procurar uma oportunidade de negócios, foi a um evento em Chicago e encontrou um representante de uma fábrica inglesa de sapatos esportivos chamada Reebok. A empresa Reebok original fabricava manualmente 400 pares de tênis de atletismo por ano. Excitado com o produto, Fireman tornou-se um distribuidor quando a corrida estava no auge da moda nos Estados

Unidos e, graças à sua competência em vendas, ele percebeu que a empresa tinha um enorme potencial, e assim comprou-a em 1984.

Depois de Fireman tê-la comprado, a Reebok balançou ao limite da falência. Fireman obteve US$ 75.000 de um amigo e investiu o capital em pesquisa e desenvolvimento. Fireman e seu time descobriram que as pessoas odiavam (apesar de também aceitarem) o fato de que comprar novos tênis de corrida significava ter de amaciá-los — sofrendo com as bolhas resultantes do processo. Estudando a relação de amor e ódio que os corredores tinham com seus tênis, Fireman encontrou uma necessidade de mercado que não era atendida nem discutida. A resposta da empresa foi uma alternativa que eles chamaram de tênis aeróbico — feito com couro macio, leve e já amaciado.

Como Fireman conta a história: "Fomos ao mercado e os distribuidores ficaram empolgados, mas não muito confiantes de que estávamos certos. Então ninguém quis comprar o primeiro tênis. Acabamos levando US$ 50.000 em sapatos para as academias de ginástica da Califórnia e começamos a pensar em promoções como duas semanas grátis nas academias com a compra de um par. Também demos pares grátis para instrutores de ginástica".

A jogada surtiu um grande resultado. Os instrutores gostaram dos tênis, as pessoas perguntavam sobre eles, e em quatro semanas a Reebok vendeu todo o estoque.

Após uma campanha de propaganda de 18 meses, a jovem empresa possuía 43% do mercado. A cada seis meses, seus negócios dobravam, ultrapassando a fatia de mercado da Nike em 1987 e tornando-se líder de mercado. Fireman descreveu sua empresa naquela época como "perfeitamente alinhada, trabalhando num movimento fluido, e com 98% de produtividade — era bonito".

O sucesso inicial de Fireman deveu-se a sua coragem empresarial, paixão pessoal, teste mercadológico e competidores lentos nas respostas a suas iniciativas. Ele era o foco central na empresa, tentando gerenciar tudo de forma centralizada. Quando a empresa colocou ações no mercado, o Conselho começou a preocupar-se que o sucesso lhe havia subido à cabeça, especialmente quando a empresa passou a atuar no mercado internacional. Em 1987, Fireman fez o que outros empreenderes e CEOs fizeram na década de 1980. Como Steve Jobs, da Apple, como Ben Cohen e Jerry Greenfield, os ícones do sorvete, e Mitch Kapor, o fundador da Lotus, Fireman transferiu o controle de sua empresa para uma "gestão profissional". Em entrevista para o *Wall Street Journal*, disse que "precisava de suporte extra". Ele nomeou o MBA de Harvard Joseph LaBonte como presidente da Reebok e comandante de suas operações. Em dois anos, o crescimento da empresa parou, e a Nike reconquistou o primeiro lugar de participação no mercado.

Durante a década seguinte, a Reebok teve cinco presidentes — todos "gestores profissionais" — e o resultado foi uma revolta cultural e a perda de mercado. Sem uma clara liderança ou um consenso em relação ao futuro, nas palavras de Fireman: "Nós não tínhamos futuro". As operações sofriam, a produção encontrava um problema atrás do outro, por exemplo, quando uma fábrica da Indonésia produziu 30 mil pares para os voluntários da Olimpíada de Atlanta, todos com três números menores. Até os produtos projetados oscilavam, quando a empresa lançou o tênis de corrida chamado Incubus, descobrindo somente depois que esse nome se refere a um demônio mitológico que fazia sexo com mulheres enquanto elas dormiam. Para uma empresa que construiu seu sucesso sobre os tênis femininos, essas eram falhas enormes.

A nova realidade era de falência, e este nunca foi o forte da Reebok, ou de Fireman. Anos depois, a revista *Boston Magazine* citou um analista que disse: "Fireman teve simultaneamente uma centena de ideias, com centenas de pessoas dizendo-lhe que eram brilhantes. O resultado foi uma empresa na qual todos corriam em um milhão de direções diferentes". O moral estava baixo. Num negócio em que os esportes eram o carro-chefe, a Reebok estava, nas palavras do mesmo artigo da *Boston Magazine*, "caminhando rapidamente para o que parecia ser o último combate. E ao ouvir as pessoas falarem isso, Fireman caiu 20 pontos e perdeu seu toque mágico".

No final da década de 1990, Fireman via apenas uma solução para preservar o futuro da Reebok e precisava agir. Fireman retomou o controle total das operações da empresa.

Naquela época, a revista *Business Week* perguntou: "Será que Paul Fireman poderá trazer o orgulho para a Reebok novamente?". Fireman sabia que a pessoa no topo da organização precisava ser a essência dos valores e paixões da empresa. O problema que a Reebok enfrentava, em suas palavras, era que "estávamos sem oxigênio em relação a novos produtos, não tínhamos novos desenvolvimentos e estávamos perplexos com problemas autoimpingidos. Estávamos lutando contra nós mesmos".

Em toda a sua carreira, o estilo de Fireman foi o de desenvolver ações enérgicas, guiadas por seus valores, instintos e características de vendas. Diferentemente de vários empreendedores de sucesso, Fireman era honesto o suficiente para reconhecer que estava no limite de seu conhecimento. Ele pensou em trazer uma nova liderança para a Reebok, para levar a empresa ao que ele chamou de "pureza anterior". Fireman queria construir um futuro para a Reebok. Para procurar algo novo, ele entrou em contato com Steve em 1994 e ficou atraído pela ideia de que os líderes desenvolvem o poder dos outros para reescrever seu futuro. Fireman disse: "Eu sabia que a empresa caminhava para a direção errada. Precisávamos de ajuda para trabalhar juntos, e só então poderíamos mudar produtos e a pesquisa e desenvolvimento. Precisávamos mudar nossos processos".

Em 1995, ele começou a reescrever o futuro da empresa. Montou um grupo diversificado de pessoas de toda a empresa, aquelas que as outras pessoas ouviam, independentemente de seu nível hierárquico. Iniciou a primeira reunião com o que passou a ser chamado de Grupo de Planejamento de Longo Prazo, dizendo: "Ofereço a vocês a oportunidade de compartilhar comigo a responsabilidade por toda a empresa. Convido vocês a serem responsáveis por aquilo que a Reebok é hoje e pode ser amanhã. Ofereço a vocês a chance de assumir essa responsabilidade e compartilhá-la comigo, e isso inclui o desenho de seu futuro, o envolvimento dos demais e a construção do alinhamento".

O desenho do processo envolveu no final 500 pessoas e criou um futuro de cinco anos para a empresa. Uma pessoa que participou do processo disse: "Nas outras empresas, eu teria recebido declarações de objetivos futuros, que seriam somente palavras no papel, como as coisas que eu precisava fazer. Mas agora sou dono do futuro, uma vez que escrevi cada palavra desse futuro".

Essa era a sensação que pairava no ambiente. Fireman começou a exercitar a liderança que dava poder às pessoas para reescrever o futuro. Durante essas intensas, e algumas vezes longas conversas, frequentemente inspiradoras, a gerência sênior começou a trabalhar junto. Fireman comentou que eles "finalmente estavam a bordo, mais positivos, e finalmente começaram a atuar como líderes. Fomos capazes de mudar a cultura, da 'gestão profissional' para o alinhamento. Nós nos revigoramos".

A liderança de Fireman trouxe a última tecnologia de pesquisa de produtos e seu desenvolvimento nas discussões do dia a dia. Fireman declarou: "Quando assumi a liderança corporativa, não tínhamos um futuro. Peguei o processo e o usei para alcançar alinhamento. Trabalhei com os dois grupos mais importantes — marketing e pesquisa e desenvolvimento".

Fireman nos disse:

Não havia perda de energia, moral ou foco. Trabalhando com os grupos, os planos mudavam como um avião em pleno voo. Mostramos a agilidade que tínhamos antes, na década de 1980. Muito do que aconteceu se passou sob os radares da imprensa, em especial quando reassumi 100% das operações diárias. Começamos a desenvolver novos produtos e novas oportunidades — DMX, os tênis com música e tecnologia 3D. Nosso grande foco era fazer produtos para que os consumidores se beneficiassem deles — não somente fazer tênis porque podíamos fazer tênis. Desenvolvemos ideias frescas novamente, construímos nossa credibilidade de novo e voltamos a competir no mercado.

Em 2005, vendo a consolidação da indústria e buscando uma forma de competir cabeça a cabeça com a Nike, Fireman liderou a venda da Reebok para a Adidas por US$ 3,780 bilhões.

Os três corolários da liderança

A questão que as pessoas enfrentam ao liderar é como juntar as categorias de Paul Fireman e outros que encontramos neste livro: Malcolm Burns da New Zealand Steel, Brad Mills da Lonmin e Doug Young da Northrop Grumman?

Cada uma das Três Leis do Desempenho possui uma mensagem para os líderes. Todas possuem um corolário de liderança — um corolário que guia o que os líderes fazem e, mais importante, definem o que eles são para as outras pessoas. Da mesma forma que cientistas e engenheiros usam as leis da física para mandar o homem à Lua, os líderes podem usar as Três Leis para elevar o desempenho mesmo em situações aparentemente impossíveis.

Como apresentamos nos capítulos anteriores, a 1ª Lei do Desempenho é: O desempenho das pessoas está correlacionado à maneira como as situações ocorrem para elas. Dessa lei, obtemos o corolário da liderança:

> **1º corolário da liderança**
>
> **Os líderes têm algo a dizer e dão aos outros o poder para falar sobre como as situações ocorrem para eles.**

A inclusão de pessoas tão diversas na criação do futuro da Reebok comandada por Fireman teve um efeito fora do comum. Como eles se viam mutuamente, como enxergavam a empresa e as possibilidades de futuro se alteraram completamente, de uma visão baseada na submissão e no cinismo para uma visão com motivação, paixão e compromisso. O termo "conformidade" foi substituído com expressões autênticas de propriedade e autoridade pelo futuro da empresa.

Fireman nos disse: "Um grande líder inspira as pessoas para se alinharem, permite que o alinhamento aconteça. Nós nos debatemos por várias vezes até ficarmos alinhados, até sabermos onde estávamos e o que estávamos fazendo". Durante uma dessas seções de alinhamento, Fireman perguntou para o grupo: "Estando no futuro e olhando para trás, o que falta?". O grupo concluiu que sete projetos seriam necessários. Quinhentas pessoas juntaram-se aos sete projetos, cada um estabelecendo seu nome próprio, missão, medidas de sucesso e como trabalhariam. Os projetos eram:

- "Costure o número": alinhar as metas individuais com as metas e objetivos da empresa.

- "75 ou nada": economizar US$ 75 milhões de despesas.

- "Projeto truque da cartola": alinhar o marketing com o dinheiro usado nas chamadas dos esportes.

- "SKU[1] ou não SKU": determinar o número ideal de SKUs, ou tipos de produtos.

- "Na sacola": cortar o tempo requerido entre o conceito do tênis e a força de vendas.

- "O ponto na hora": melhorar o processo de entrega do material de vendas no prazo.

- "Querida, encolhi os estoques": reduzir os estoques aos níveis de 1994.

- "Ouro olímpico": alavancar-se nas Olimpíadas para tornar Reebok a marca mais respeitada da indústria.

---

[1] O termo Stock Keeping Unit (SKU), em português Unidade de Manutenção de Estoque, está ligado à logística de armazenagem (N.E.).

A participação nesses projetos era voluntária, ou seja, eles foram assumidos adicionalmente aos trabalhos individuais. Imagine como o senso do possível ao trabalhar para a Reebok mudou para eles. Os nomes dos projetos, por si sós, já capturavam algo do espírito da Reebok — competitiva e alegre — e mostravam o espírito ativo de parceria em enfrentar os problemas.

Fireman observou: "Cada passo do caminho era uma descoberta — descoberta de mercados não atendidos, necessidades de clientes não identificadas, problemas não resolvidos, como criar uma empresa ética numa indústria conhecida por usar práticas de trabalho não éticas e descoberta de lideranças — do tipo que era necessário para atender os clientes e dar poder aos empregados". As pessoas entrevistadas disseram que se sentiam como pioneiros. O mais incrível era como elas percebiam seus líderes a si mesmas e o processo de desenho do futuro.

Olhando para trás, Fireman resumiu seus dois momentos na direção da Reebok: "Sinto que muitas pessoas conseguiram coisas que nunca haviam imaginado ser possível conseguir em sua vida".

Vale a pena dar uma pausa e perguntar se você pode dizer o mesmo de sua empresa, carreira e vida.

A maioria dos leitores deste livro busca um aumento radical de desempenho em suas organizações, indo além de fixar o que está errado ou o que precisa ser melhorado passo a passo. Os líderes que dão poder aos outros, para que reescrevam e realizem futuros, podem transformar qualquer situação, não importa quão "impossível" ela pareça.

Como líder, você não pode controlar ou determinar de que maneira as situações ocorrem para os outros, mas você tem que ter algo a dizer a respeito. Pare um momento e faça as seguintes perguntas:

- Como posso interagir com as pessoas para que as situações se apresentem de forma mais poderosa para elas?

- Quais processos, diálogos ou reuniões posso arranjar para que as pessoas se sintam coautoras de um novo futuro e não somente recipientes de decisões dos outros?

Fireman não somente tinha algo a dizer sobre a maneira como as situações ocorrem para as pessoas, mas ele também alavancou o poder da linguagem para gerar esse impacto. A 2ª Lei do Desempenho é: A maneira como uma situação ocorre aparece na linguagem. Com base nela, temos o segundo corolário da liderança:

> **2º corolário da liderança**
> **Os líderes são mestres do ambiente da conversa.**

Há uma história que ilustra este corolário:

Na Grécia antiga, Arquimedes estava numa situação delicada. Ele usou sua nova invenção — uma alavanca e uma roldana — para mover blocos de pedra e outras cargas num barco até a fundação de uma pequena casa. Depois de ver tudo o que havia feito, ele declarou: "Dê-me uma alavanca grande o suficiente, e eu moverei o mundo".

O rei ouviu a história das conquistas de Arquimedes e como ele se vangloriava de seus feitos, e decidiu fazer de Arquimedes um exemplo. Por ordem do rei, o maior navio do dia foi preenchido com tanta carga que mal flutuava. O rei disse que ele estava "imóvel" e ordenou Arquimedes a movê-lo para fora da água usando sua nova invenção — se pudesse, caso contrário deveria enfrentar a punição por seu orgulho inútil.

Arquimedes aproximou-se do navio e o estudou durante meio dia. Tomou algumas notas e a seguir deixou as docas. Voltou logo cedo na manhã seguinte com vários equipamentos. Ele montou um sistema de alavancas e roldanas, cada alavanca movendo alavancas maiores, com a maior presa ao navio. Ao pôr-do-sol, Arquimedes puxou a ponta de uma corda amarrada ao sistema de alavancas e roldanas. O navio "imóvel" foi levantado da água, para espanto das pessoas que ali estavam.

Arquimedes provou que algumas coisas que ocorrem como imóveis na realidade não o são. Como vimos no capítulo 2, a chave do desempenho está na linguagem. As alavancas e roldanas que tornam situações impossíveis em possíveis equivalem às conversas que existem ou podem existir em uma organização.

Considere que uma organização pode ser vista como uma rede de conversas. Não estamos argumentando aqui que essa afirmação é verdadeira. Estamos sugerindo que é uma perspectiva útil que os líderes podem adotar. Novamente, nosso ponto de partida é que uma organização é sua rede de conversas.

É útil pensar mais a respeito. Existe algo de importante que não é feito mediante conversas? Conversas produzem inovação. Conversas são o veículo para entregar serviços. Conversas coordenam atividades.

Planos estratégicos, mapas, memorandos, e-mails, fotos — são todos aspectos ou elementos da conversa. Reuniões de negócios, reuniões de departamentos, reuniões de diretoria nada mais são que conversas estendidas.

Na maioria das organizações a rede de conversas é barulhenta, conflituosa, cheia de fofocas e bate-papos que tornam novos futuros impossíveis, pois projetam um futuro provável e automático que as pessoas estão vivendo.

Sob a perspectiva das Três Leis, liderar é dar o poder a outras pessoas para reescrever o futuro automático existente e alcançar metas que não aconteceriam de outra forma. Dessa definição, deduzimos que 100% da liderança acontece por meio da conversa que atrai as pessoas para o jogo, não por visões que depois precisam ser vendidas. Os líderes que usam com maestria a linguagem baseada no futuro têm um poder que os outros não possuem.

Há dois elementos que precisam existir no ambiente das conversas, para que se alcance um ganho significativo de desempenho. O primeiro é um compromisso contínuo de toda a organização em resolver qualquer e todos os assuntos incompletos, como vimos no capítulo anterior. O resultado é um "espaço em branco" em toda a empresa dentro do qual o futuro poderá ser criado.

Quando milhares de pessoas numa empresa limpam seus futuros automáticos individuais e coletivos, ela torna-se uma empresa totalmente diferente. Imagine, em sua organização, se todos tivessem resolvido suas pendências, de tal forma que não houvesse velhas mágoas em ação. Imagine sua vida pessoal — sua família e amigos — nas mesmas condições.

Como Paul Fireman nos disse: "Quando você trabalha com as pessoas em funções de liderança, como gerentes ou como empregados, há conversas com as quais você não concorda. Se você não resolver essas conversas incompletas, elas continuarão aparecendo até vocês chegarem ao caos, situação em que as pessoas se desligam ou se tornam burocratas".

Em nossa experiência, Fireman acertou no ponto. Quando o futuro das pessoas está repleto com decisões do passado, os gerentes tendem a criar políticas, procedimentos, regras e sistemas desenhados para prevenir coisas negativas que já aconteceram — processos legais, greves, roubos de empregados, gerentes que abusam do privilégio de sua posição — para que elas nunca mais aconteçam. As organizações tornam-se uma versão múltipla do homem da Tintaya descrito no capítulo anterior.

Os líderes gerenciam com maestria o ambiente das conversas trabalhando com as pessoas para que resolvam qualquer assunto incompleto. Esse processo move as questões passadas, do futuro para o passado, criando um espaço em branco no qual o novo futuro pode ser criado.

Os líderes também trabalham com as pessoas trazendo à mesa as operações de fachada de grupos, para que sejam discutidas e resolvidas.

Quando Fireman reconquistou o controle do dia a dia da Reebok na década de 1990, seu trabalho foi limpar o futuro automático de todos, para que um novo futuro fosse possível.

Adicionalmente à criação de um espaço em branco, lidar com maestria com o ambiente das conversas significa implantar o segundo elemento-chave: integridade. Como nossos colegas do Barbados Group, Werner Erhard e Mike Jensen, gostam de dizer: "Sem integridade, nada funciona"[2]. A integridade cria as condições de trabalho. Sem integridade diminui-se a eficácia, que é substituída por promessas quebradas e pela ausência de responsabilidade.

O que é integridade? A definição do dicionário Webster é "a qualidade ou estado de estar completo; condições sem quebras; completude; inteiro", que resumiremos como "inteiro e completo". Pense na integridade não como um assunto moral ou ético, mas como um fator na condição do trabalho. Você não quer passar numa ponte sem integridade — uma ponte que não esteja inteira e completa. Agir dessa forma não funciona e coloca você em perigo.

A liderança não pode dar poder às pessoas para reescrever e realizar novos futuros quando o ambiente de conversação não estiver inteiro e completo. Quando as pessoas assumem compromissos e não os seguem, a situação fica incompleta e dividida. Usando um exemplo da Reebok, o que aconteceria se os líderes do projeto "75 ou nada" comprometidos com a meta — economizar US$ 75 milhões — ignorassem o projeto e conduzissem seus trabalhos como se nada tivesse acontecido? Os investidores ficariam frustrados e os funcionários se tornariam cínicos. Essas situações não criam condições de trabalho.

Os líderes despertam e fomentam conversas para integridade, conversas em que:

---

[2] Esta seção baseia-se no trabalho de Werner Erhard, Michael C. Jensen e Steve Zaffron, *Integrity: A Positive Model That Incorporates The Normative Phenomena of Morality, Ethics and Legality* [Integridade: um modelo positivo que incorpora o fenômeno normativo de moralidade, ética e legalidade], Harvard Business School, *NOM Working Paper* nº 06-11, 25 de abril de 2008. Disponível no endereço http://ssrn.com/abstract=920625.

- As pessoas são verdadeiras e honestas.
- As pessoas realizam muito bem o trabalho — fazendo-o como era para ser feito, sem ajustes.
- As pessoas fazem o que sabem fazer, pontualmente e como os outros estão esperando que façam, mesmo quando não são obrigadas a fazê-lo.

O último ponto normalmente faz as pessoas pararem. Elas perguntam: "Como a integridade exige que eu faça até mesmo as coisas que não me comprometi a fazer?".

Há várias coisas com as quais você provavelmente nunca concordou formalmente — não roubar dinheiro ou não criar negócios fora do balanço, como a Enron. Isso pode parecer absurdo, mas considere que o coautor Dave Logan entrevistou pessoas que estiveram na Enron, e várias disseram: "Nós nunca combinamos não fazer aquelas coisas!". Do lado de fora, tais justificativas parecem insanas, mas o ponto de vista interno é diferente. De acordo com a 1ª Lei do Desempenho, como as situações ocorriam para as pessoas envolvidas se relacionava intimamente com as ações que elas desenvolveram. A integridade não pareceu um tema relevante para aquele grupo.

Os líderes geram integridade constantemente fomentando conversas que tornam a integridade viva e importante para as pessoas.

Integridade, como a definimos, não é simplesmente manter a palavra, mas é honrar a palavra. Qual a diferença? Quando uma pessoa sabe que não poderá cumprir a palavra, ela honra sua palavra tornando a situação conhecida por todas as pessoas que serão afetadas. Ela lida com as consequências de não manter sua palavra, resolve qualquer problema que tenha sido criado e faz novas promessas que recuperam as condições de trabalho para uma situação sob controle.

O que os líderes fazem quando as pessoas não fazem o que elas disseram que fariam? O autor Peter Block explica: "O resto do time deve lidar com você e com seu desapontamento. Eles precisam saber que você os deixou na mão... Talvez alguma cláusula de contrato tenha sido violada, e você terá de sair". Os líderes fazem tudo o que é necessário para estabelecer e manter a integridade como parte do ambiente conversacional, começando por liderar a pessoa a recuperar sua integridade.

Anteriormente, definimos integridade como "inteiro e completo". Como esta definição se relaciona com "honrar a palavra"? Uma vez que a maneira como situações ocorrem para as pessoas aparece na linguagem, o que se passa é que a pessoa ocorre para si mesma e para os outros em função da palavra que ela dá. Quando a relação com sua palavra é sem autenticidade, dividida e incompleta, o relacionamento consigo mesma é igualmente sem autenticidade, dividido e incompleto. Se essa pessoa quer restaurar a si própria com o sentido de inteireza e completude, o caminho é honrar sua palavra.

Como dissemos antes, ter integridade não é uma questão de moral e ética. Também não é querer ser perfeito. É fazer as coisas acontecerem. Todos nós durante nossa vida — incluindo os autores deste livro — vivenciamos diversas situações de quebra de integridade e sentimos que as coisas não estavam correndo bem. Lidamos com as quebras de integridade do passado, de pequenas a grandes mentiras em nossos relacionamentos, dos excessos da contracultura das décadas de 1960 e 1970, jogando com o sistema e fazendo o que era esperado em vez do que era certo. À medida que aprendemos o que é integridade e a aplicamos em nossa vida, a clareza substitui a confusão e a oportunidade de ajudar os outros torna-se uma realidade. Frequentemente, resolver as situações sem integridade significa momentos difíceis, porém isso faz uma enorme diferença nas condições de trabalho. As mesmas lições podem ser encontradas em vários momentos na vida das organizações.

Assim, a integridade como definida nas Três Leis significa honrar a palavra abrindo o caminho para criar as condições de trabalho.

A missão de Paul Fireman requeria condições de trabalho e, como esperado, integridade era uma das principais conversas que ele iniciava. Naquela época, um vice-presidente sênior nos disse: "Queremos agir pelos princípios com os quais nos comprometemos? É bom falar sobre eles, mas quais serão as consequências se não os cumprirmos? O que enfrentaremos? Todos queremos isso — trabalhar e nos relacionar uns com os outros — e aqueles que não desejarem ou não puderem viver dentro desses limites não deveriam estar aqui. A empresa precisa cumprir seu compromisso".

Outro vice-presidente sênior acrescentou: "Nosso objetivo é pegar 500 pessoas, trabalhar como um time de alto desempenho e chegar a um lugar que parece impossível".

Pare um momento e reflita sobre o ambiente de conversas em seu negócio e em sua vida. Especificamente, você poderá se perguntar:

- Quais decisões do passado estão em meu futuro?
- Como as pessoas a meu redor se relacionam com sua palavra? Elas a honram? Eu honro minha palavra?
- Como posso iniciar novas conversas a fim de tornar a integridade algo vibrante para os outros e para mim?

No capítulo 7 retornaremos a um ponto desse corolário que não abordamos ainda: ser um mestre. Lidar com o ambiente conversacional com maestria requer pensar de uma maneira não familiar. Embora ser um mestre represente um compromisso desafiador, o resultado em termos de desempenho e a satisfação de todos os envolvidos tornam o esforço para alcançá-los mais que recompensador.

Considerando o ambiente tendendo para a integridade, vamos nos concentrar agora na essência da liderança e no corolário da 3ª Lei do Desempenho, que é: A linguagem baseada no futuro transforma a maneira como as situações ocorrem para as pessoas.

3º corolário da liderança
Os líderes escutam para o futuro de sua organização.

Ray Anderson é um líder que caracteriza este terceiro corolário[3]. Apesar de ele não ter sido exposto às Três Leis, vimos o efeito gerado quando ele reescreveu o futuro de sua empresa.

Como fundador e presidente da Interface, o maior produtor de tapetes modulares do mundo, ele estava satisfeito com o sucesso da empresa que havia construído. Em 1994, um de seus representantes de vendas lhe deu um livro de Paul Hawken, *The Ecology of Commerce* [A ecologia do comércio]. Em suas próprias palavras:

> *[O livro] chega a minha mesa, e começo a passar os olhos sobre ele. Na página 19, vi um capítulo chamado "A morte do nascimento" e comecei a ler para saber do que se tratava. Eu disse: "Oh, Deus, onde me meti com este livro?". Eu tinha a certeza de que aos 60 anos eu deveria estar me perguntando inconscientemente: O que minha criança será quando crescer? (Interface é minha terceira criança, depois de minhas duas filhas.) Perguntava a mim mesmo se eu pertencia à empresa, tendo contratado um grupo de gestores de sucesso e com a empresa funcionando muito bem.*
>
> *O livro ... deu uma nova perspectiva de vida a meus 61 anos. Pedi a uma força-tarefa para levar a empresa à sustentabilidade, sendo a primeira no mundo a alcançar dano ambiental zero. Não tirar nada permanentemente da terra e não jogar nada que não se integrasse ao ambiente. Essa era uma premissa definida para uma empresa petroquímica, no uso de combustíveis fósseis não reutilizáveis, e não somente nos materiais, mas também na energia usada em seu processo produtivo.*

É necessário ter entrevistado Anderson, ou ter lido a respeito, para captar quem ele é. Anderson usava a linguagem baseada

---

[3] As Três Leis do Desempenho e os três corolários da liderança estão resumidos no Apêndice.

no futuro para lançar a Interface para sua próxima fase, e a empresa tornou-se aquele futuro. Desde que deixou seu papel de CEO, ele desenvolve um grande esforço em discursos a fim de encorajar outros líderes corporativos a estabelecer a meta de dano ambiental zero.

No início de nosso trabalho, sentamos com nosso editor Warren Bennis e, ao falar da 3ª Lei do Desempenho, ele ficou calado, como se pensando sobre o que significava. Logo a seguir ele disse em poucas palavras algo que ficou para sempre conosco: "Cícero fala, e as pessoas se maravilham; César fala, e as pessoas marcham". Sempre que um líder fala, as pessoas sentem-se motivadas a agir. Esse terceiro corolário nos dá a dica de como pessoas normais se transformam em líderes incríveis, tornando-se a essência do futuro.

Os líderes criam as conversas da 3ª Lei, compostas pela linguagem baseada no futuro, para inventar futuros organizacionais que não existiam antes. Entretanto, os líderes não reescrevem o futuro sozinhos — eles criam o espaço e providenciam a "escuta" para aquele futuro. Quando o futuro começa a se concretizar, os líderes encontram uma forma de reconhecê-lo, como se o futuro fosse sendo montado em partes que ele reconhece, emitindo "tecs" como o segredo de um cofre mecânico à medida que é fechado. Falar sobre o que estão experimentando se torna uma forma de autoexpressão. Como os líderes agem intencionalmente ao dar aos outros a palavra sobre como o futuro ocorre para eles, frequentemente esse trabalho é realizado por um grupo poderoso de pessoas. Tais pessoas são donas desse futuro, pois são suas coautoras. Não há problemas de implantação (um grande problema nas organizações). Uma vez que cada membro do grupo é o coautor do futuro, pode-se dizer que esse futuro é implementado na própria maneira de ser de seus coautores.

Como os líderes escutam o futuro que os inspira, podem acreditar em sua intuição. Essa certeza — que os líderes saberão o futuro quando ouvi-lo — dá aos líderes do futuro um incrível e poderoso rumo. Líderes desse tipo de organizações, como Fireman, são o futuro, mostrando-se inspiradores e cheios de energia; seu poder não vem de sua personalidade, mas do futuro que é seu mandato, seu guia e sua razão de ser. Em vez de tentar descobrir qual futuro encontrará compromisso nas ações, eles acreditam na experiência de peças se montando, fazendo "tecs" para eles. Essa é a habilidade que queremos ressaltar ao afirmar que "líderes escutam para o futuro".

Como exatamente essa habilidade se desenvolve?

Os líderes escutam para o futuro da mesma forma que os médicos procuram um diagnóstico eficaz. O médico examina o paciente, seu sangue, raios X, a história da doença atual, e revisa toda a informação. O mais importante é que o médico ouve o paciente para formular um diagnóstico, que eventualmente fará um "tec". Da mesma maneira, o líder olha para a situação atual de várias perspectivas, levando em consideração aspectos como finanças, produtos, posicionamento de mercado, competição, cultura e aspirações dos empregados. Se o líder possui uma tendência para o ambiente, especialmente limpando o futuro automático e mantendo a integridade, cria um espaço para ouvir o futuro. Essa é a liderança em que literalmente todos ficam falando — propondo ideias, testando-as, fazendo propostas e contrapropostas. Eventualmente algo dá um "tec" no líder. É como se o futuro aparecesse naquele momento para ele.

É um futuro que vai muito além das melhores práticas de criar visões e atrair pessoas para elas. A experiência é a que, naquele momento, as pessoas passam a viver naquele futuro. Não é a visão do "algum dia e talvez", mas o futuro que é real naquele momento. Isso leva à ação, pois transforma a maneira como as situações ocorrem para as pessoas.

Por todo este livro, vimos líderes que escutavam para o futuro de suas organizações. Brad Mills escutava para o futuro da Lonmin — ele não o escreveu sozinho, mas criou o espaço no qual outros puderam agir como coautores. Malcolm Burns agiu da mesma forma na New Zealand Steel. O mesmo fizeram Paul Fireman na Reebok e Ray Anderson na Interface.

O líder que desenvolve as Três Leis escuta para o futuro que transforma tudo o que existe no presente. Um líder escuta para o futuro que não é previsível, provável, linear, que não aconteceria de qualquer forma e que leva a ações inspiradas.

Pare por um instante e faça estas perguntas a si mesmo:

- Se quero criar um futuro em conjunto com outras pessoas, quem eu preciso envolver?
- Como devo ouvi-los?
- Onde devo querer abandonar o controle da direção para que um novo futuro possa aparecer?

À medida que refletir sobre estas questões, você poderá ler todas as Três Leis e os três corolários que estão no Apêndice.

Conclusão: liderança — reescrevendo o roteiro

Todos os líderes que examinamos até aqui tinham algo em comum: uma situação presente que parecia difícil, dura, até impossível de ser solucionada. Cada um deles procurou solucionar um conjunto de problemas — relacionamentos com sindicatos, finanças, até a visão da empresa.

Em vez de solucionar os problemas da maneira tradicional, eles transformaram a situação reescrevendo o futuro. Vamos ver essa ideia por outro ângulo.

Imagine uma peça de teatro chamada *Minha vida* ou talvez *Minha empresa*[4]. Nessa peça, você é o astro e sua personagem é bem ensaiada.

Lembra-se da famosa metáfora de Shakespeare na peça *Como lhe aprouver*: "Todo o mundo está no palco"? E se ele não estivesse falando por metáfora? E se sua vida e sua empresa não fossem como uma peça, mas a própria peça? A vida não seria nada mais que cenas, personagens e falas com outras personagens.

---

[4] Esta seção foi baseada no material "The World Is Your Stage: The Workshop Where Being Meets Acting" [O mundo é o seu palco: O ato onde o ser encontra o agir], um curso desenvolvido por Werner Erhard e Sanford Robbins.

Será que isso é realmente muito diferente da vida como a conhecemos? Há algo que importa mais que as cenas, as personagens e suas conversas?

Aristóteles disse que todas as peças possuem três atos: começo, meio e fim.

O primeiro ato da peça chamada *Minha vida* ou *Minha empresa* é seu passado. O segundo ato é o presente. O terceiro ato é o futuro. A maioria de nós espera um futuro com mais poder, satisfação, riqueza, vitalidade e sucesso que o presente — um futuro que queremos e desejamos alcançar "algum dia".

É claro que nunca alcançaremos o "futuro de algum dia". É por isso que o futuro é algo que algum dia acontecerá. Algum dia, e não agora. Vivemos no presente e estamos sempre apenas no presente.

Esse "futuro de algum dia" é parte do terceiro ato da peça. Não é todo o terceiro ato, mas uma parte crítica. Está apresentado nas linhas em que sua personagem expressa esperanças e desejos mais profundos para o futuro, como se ansiando arduamente que este se transformasse em realidade. A piada da vida é que continuamos a viver nessa ilusão chamada "futuro de algum dia" que nunca acontece. E então morremos.

Se você olhar profundamente no terceiro ato de sua peça, na parte que fica atrás do palco, verá que quem você é e o que é possível já está escrito. Verá que todas as decisões que você tomou sobre si mesmo e sobre sua vida estão no terceiro ato. De onde vieram essas decisões? Do primeiro ato de sua vida. A forma como você decidiu lidar com sua vida no primeiro ato de sua peça permanece viva e forte, e subsiste no terceiro ato. E, ainda que jamais alcancemos o terceiro ato, o que está escrito lá cria nossa experiência no segundo ato.

Há algo que possamos fazer sobre essa armadilha aparente? Estamos condenados a viver um segundo ato que seja perfeitamente alinhado ao terceiro ato que não queremos, buscando um "futuro de algum dia" que nunca acontece?

Sabemos que não podemos reescrever o primeiro ato, que já foi desenvolvido.

Não podemos reescrever o segundo ato — que está sendo desenvolvido agora. O que podemos fazer é reescrever o terceiro ato.

Para reescrever o terceiro ato, temos de seguir alguns passos. Primeiro: precisamos limpar do terceiro ato tudo o que está lá, colocando-o no primeiro ato, seu lugar correto. Isso cria um espaço em branco no qual algo de novo pode ser escrito. Nesse processo, o ilusório "futuro de algum dia" desaparece, uma vez que existia somente como parte dos desejos e medos projetados do passado. Segundo: precisamos construir a integridade ao reescrever o processo. Para reescrever um novo terceiro ato, precisamos encarar nossos relacionamentos em relação ao que escrevemos como uma forma de honrar nossa palavra.

O terceiro ato que você escreve deve ser consistente com o primeiro. Por exemplo, se você tiver perdido suas pernas no primeiro ato, você não pode se declarar como bailarino no terceiro ato. Mas, dentro dessa limitação consistente, há vários futuros possíveis — vários terceiros atos possíveis. E, se pudermos escrever esse terceiro ato não sozinhos, mas com os outros? Liderança é criar um ambiente no qual as pessoas podem escrever seu terceiro ato juntos — um terceiro ato no qual os autores podem ver resolvidas tanto suas preocupações como as dos outros.

À medida que envolvemos outras pessoas, escutamos para um futuro não limitado pela situação presente. Quando acontece um "tec", um novo terceiro ato se forma. Ele incita os outros e nós mesmos. A verdadeira natureza do segundo ato, o qual você está vivendo agora, transforma o difícil ou impossível em vibrante. Altera de indo com a corrente para ficar cheio de possibilidades. Esse novo terceiro ato não é o "futuro de algum dia", mas um futuro que você tem no momento presente.

As pessoas que já passaram por esse processo dizem que seu novo terceiro ato iluminou sua vida. Será que esse terceiro ato se tornará realidade? Quem sabe? O futuro real é totalmente incerto. Mas, até que chegue o fim (normalmente uma dura surpresa), você terá um novo tipo de segundo ato, com um futuro atraente e inventado.

Como líder, a questão que você enfrenta é: ao dar poder para que as pessoas reescrevam o futuro com você, você está criando uma nova organização?

Esse tipo de organização é o assunto do capítulo seguinte.

5
A organização autoliderada

> Todas as organizações devem estar preparadas para abandonar tudo o que fazem para sobreviver no futuro.
> — Peter Drucker

Em 1917, o empresário Charles M. Schwab escreveu o seguinte em seu livro *Succeeding with What You Have* [Alcançando sucesso com o que você tem]:

> *Eu tinha um gerente de uma usina que era bem-educado, muito capaz e um mestre em todos os detalhes do negócio. Mas ele não conseguia inspirar seus funcionários a dar o melhor de si.*
>
> *Perguntei-lhe um dia: "Como um homem tão competente como você não consegue fazer esta usina funcionar como deveria?".*
>
> *"Eu não sei", respondeu. "Eu incentivei os homens; eu os pressionei; eu briguei com eles. Fiz tudo o que eu poderia fazer. Mesmo assim, eles não produzem."*
>
> *Era o final do dia e em poucos minutos o novo turno se iniciaria. Eu me dirigi a um trabalhador que estava de pé ao lado de uma das caldeiras e pedi um pedaço de giz.*
>
> *"Quantos lotes seu turno fez hoje?", perguntei.*
> *"Seis", ele respondeu.*

> Escrevi um grande número "6" no chão e segui em frente sem dizer mais nada. Quando o turno da noite chegou, viu o "6" e perguntou o que significava.
>
> "O chefão estava aqui hoje", disseram os homens do turno do dia. "Perguntou-nos quantos lotes fizemos hoje e respondemos seis. A seguir escreveu o número no chão".
>
> Na manhã seguinte, voltei. Vi que o "6" fora apagado, e um grande "7" estava escrito em seu lugar. O turno da noite anunciou seu resultado por conta própria. Voltei à noite. O "7" tinha sido apagado, e um glorioso "10" aparecera em seu lugar. O turno do dia não aceitava estar numa situação inferior e, assim, uma boa competição começou, e continuou até que a usina, oficialmente a pior em produtividade, estava produzindo mais que qualquer outra.[1]

Ainda hoje, os negócios lutam para impulsionar a produtividade. Também lidam com problemas desconhecidos como na época em que Schwab construía seu império. Os líderes do século XXI brigam para implantar tecnologias avançadas, acesso a capital, pressão de preços, competição global, sustentabilidade da comunidade e relacionamentos com uma força de trabalho diversa e global.

Apesar de muitas mudanças terem acontecido, a ação simples de Schwab mostra o caminho para reescrever o futuro das organizações.

Vale a pena investir um tempo na questão: O que Schwab realmente fez? Sem as Três Leis do Desempenho poderíamos dizer que ele criou um sistema de medidas públicas e gerou competição entre os turnos. Mas aconteceu algo a mais? Talvez algo brilhantemente simples?

Na perspectiva das Três Leis, Schwab usou uma palavra — "seis" — para criar uma nova rede de conversas que colocaram os metalúrgicos num novo jogo, com um novo futuro. O novo jogo era: "Vença a produção de seis lotes por turno" e, como evidenciado pelos resultados, os trabalhadores consideraram o novo jogo inspirador. A

---

[1] Schwab, Charles M. *Succeeding with What You Have* [Alcançando o sucesso com o que você possui]. Century, 1917; Nova York: Cosmo Classics, 2005, pp. 39 a 41.

maneira como as situações ocorriam para eles mudou, e o mesmo aconteceu com suas ações.

Esse exemplo mostra quão criativa pode ser a aplicação das Três Leis. Schwab não lançou um novo programa, nem mesmo implantou um novo sistema de incentivos. Com uma ação que levou menos de um minuto, ele transformou a maneira como a produção de aço ocorria para os trabalhadores da usina e, com isso, transformou seu desempenho.

Como os negócios podem ter tudo

Este capítulo não é apenas sobre as metas de negócios usuais — fazer mais dinheiro, construir a riqueza de acionistas ou realizar investimentos rentáveis. Nem é sobre as preocupações usuais dos ativistas ambientais e sociais — curar o planeta Terra, cuidar dos empregados nos países em desenvolvimento ou evitar as ações corporativas ilícitas.

Este capítulo é sobre uma nova abordagem de gerenciamento e liderança, na qual organizações baseadas nas Três Leis destrancam uma nova razão de ser e sua capacidade de realização. Elas podem conquistar riqueza com responsabilidade social, lucros com responsabilidade ambiental, expansão fazendo parcerias com pessoas que se sentiram exploradas por corporações.

Começamos a observar, nas condições de crise em que as organizações se encontram hoje, como elas se colocaram nessa situação, e o que pessoas normais podem fazer para reprojetar suas organizações no que chamamos de *organizações autolideradas*.

O crescimento de corporações[2] como indivíduos

Do nosso ponto de vista, a organização é uma das principais invenções dos últimos séculos, coordenando atividades e recursos humanos.

---

[2] Uma corporação ou sociedade anônima segue regras jurídicas de transparência mais exigentes do que empresas limitadas, uma vez que sua propriedade pode pertencer a muitos acionistas de diferentes classes (N.T.).

Organizações enviaram o homem à Lua, usaram o poder dos átomos, construíram o microprocessador, conectaram o mundo pelo ar e pela internet e criaram um padrão de vida inimaginável há cem anos.

Mesmo com todas as incríveis conquistas das organizações, a maioria dos problemas atuais é alimentada por uma visão restrita do escopo e da razão de ser de um tipo específico de organização: a corporação.[3]

Um livro sobre reescrever o futuro seria incompleto se não tratasse do poder das Três Leis em relação aos problemas enfrentados pelas organizações. Essa poderosa criação humana necessita mais que "gestão de mudanças". As crescentes evoluções globais exigem transformações — alterar a estrutura básica da razão de ser da corporação. Como temos feito frequentemente neste livro, vamos começar pelo futuro automático — desta vez para organizações. Como já vimos, o futuro automático é uma versão reciclada do passado e, a fim de olhar para a frente, começamos olhando para trás.

Para ver o futuro automático das organizações, é necessário revisitar como as corporações modernas se desenvolveram nos Estados Unidos da América e se espalharam pelo mundo. Em 1880, as corporações eram raras, normalmente criadas pelo governo por uma razão específica e com um prazo de vida limitado. Por exemplo, eram criadas para construir uma ponte e depois eram fechadas. Depois da guerra civil americana, o Congresso aprovou a Emenda 14 da Constituição, estendendo os direitos humanos básicos para os ex-escravos. Nas décadas seguintes, os advogados corporativos convenceram as cortes americanas a tratar as corporações como indivíduos, com muitos dos mesmos direitos que os indivíduos tinham. Corporações ganharam o direito de contratar pessoas, ter propriedades, processar

---

[3] O foco deste capítulo é as organizações, as quais podem ter fins lucrativos ou não. Estão incluídas tanto instituições, governos e ONGs como conglomerados, multinacionais e até novas empresas. As corporações são fáceis de ser analisadas por sua estrutura legal, mas os problemas que elas enfrentam são os mesmos de organizações de todos os tipos e tamanhos. Esta análise é também relevante para novas formas de organizações, como sociedades de propósitos específicos e parcerias.

e serem processadas, porém, diferentemente das pessoas, as corporações não podem ir para a cadeia e podem continuar desde que gerando lucro.

Nos últimos 200 anos, o mercado de capitais desenvolveu formas de comprar e vender a propriedade de grandes empresas em tempo real. Isso deu aos investidores uma opção: se eles não gostassem do desempenho de uma empresa, venderiam suas participações. Por que um investidor manteria seu dinheiro numa corporação que poderia falir, se poderia receber maior retorno em outro investimento seguro, como títulos do governo? Para sobreviver, as corporações *tinham* de gerar lucros significativos e crescer rapidamente.

Para satisfazer às necessidades de crescimento, as corporações aprenderam a deixar os custos indiretos de suas atividades para outros pagarem. À medida que extraíam recursos do ambiente convertendo-os em outro formato, os danos ambientais e humanos de suas operações normalmente recaíam sobre os governos e as comunidades dos países em desenvolvimento. Esse processo é chamado "exteriorização" — tornar os custos externos a sua empresa. Como a maioria das corporações estava jogando o mesmo jogo, uma empresa que não exteriorizasse seus custos não seria competitiva e poderia ser abandonada tanto pelos consumidores que buscam preços baixos quanto pelos investidores que buscam maiores retornos. O mundo tomou consciência dos efeitos negativos da exteriorização na crise financeira de 2008, quando as dívidas ruins criadas pelas corporações exigiram a intervenção do governo para evitar o colapso econômico.

Em 2004, Joel Bakan, Harold Crooks e Mark Achbar colaboraram no rascunho do texto para o documentário *The Corporation* [A corporação], que descreveu a culpa por impactos ambientais, exploração de trabalhadores e até atividades criminosas. O que Bakan nos disse foi um pouco de licença poética do que ele e seus colegas produtores do filme, Achbar e Jennifer Abbott, declararam no início do filme: "Se a corporação é uma pessoa, que tipo de pessoa ela é?". Eles mostraram que as corporações frequentemente demonstram:

- Insensível falta de consideração pelos sentimentos dos outros.
- Incapacidade de manter relações duradouras.
- Descaso pela segurança dos outros.
- Falsidade: mentiras repetidas e enganação para obter lucro.
- Incapacidade de sentir culpa.
- Deficiência em se adaptar às normas sociais com respeito aos comportamentos legais.

Uma pessoa que exibisse essas qualidades seria diagnosticada clinicamente como psicopata.

Como Ray Anderson afirmou, as pessoas olharão séculos atrás e dirão que a exteriorização permitiu que os líderes corporativos se tornassem "saqueadores do planeta".

Por que a temperatura está subindo nas organizações?

O que funcionava no passado não funciona mais, porque o mundo tem cada vez menos lugares para se esconder. Não somente as pessoas (incluindo acionistas) estão prestando maior atenção ao papel das empresas nas mudanças climáticas, mas também populações locais estão armadas com tecnologias que saíram diretamente dos filmes de James Bond. As pessoas que não tinham acesso a jornais agora têm celulares que podem acessar dados de lucratividade de seus empregadores. Trabalhadores descontentes podem gravar um vídeo e publicá-lo no YouTube para que o mundo o veja — e o julgue. Comunidades locais estão assumindo maior poder, algumas vezes retirando o direito de operar em suas regiões ou países.

Iniciando algo antes imprevisto, essas pressões crescerão na próxima década e, à medida que se sucederem, os negócios terão maior dificuldade para operar em certas partes do mundo. A sustentabilidade de comunidades e a implantação estratégica de responsabilidade social se tornarão o próximo grande desafio para as organizações. De fato, vários países em desenvolvimento e já desenvolvidos implantaram leis e regulamentações trazendo evoluções nessas áreas como requisito para o direito de continuar a fazer negócios. A exteriorização está tornando-se cada vez mais difícil, enquanto as demandas dos investidores por lucros e crescimento estão aumentando. Acrescente a isso o fato de os empregados em todas as partes do mundo estarem demandando um lugar melhor para trabalhar — tanto no que diz respeito ao trabalho em si quanto em relação às condições de vida. Se uma empresa não promover práticas sustentáveis, os empregos nessas empresas ocorrerão como menos valiosos, e o trabalho das pessoas, como menos importante.

A incerteza arrastou as empresas na discussão da verdadeira natureza do que quer dizer ser uma empresa. Vários líderes com quem conversamos nas organizações expressaram uma preocupação semelhante: "Estamos sendo espremidos. Temos de fazer nossos números e ao mesmo tempo ser bons cidadãos. Algumas vezes não é possível seguir ambos os caminhos, mas parece que, se não o fizermos, estaremos fora do negócio".

Os líderes de outros tipos de organizações estão sofrendo as mesmas pressões. ONGs frequentemente tentam desenvolver parcerias com empresas à medida que criticam suas ações. Novos negócios competem com negócios já estabelecidos.

Como o especialista em gestão Peter Senge nos disse: "O mundo das organizações está mudando profundamente, e ninguém tem certeza das novas regras".

Chamamos a essa crise de *o aquecimento global das organizações*. A temperatura nas organizações está subindo, e não há alívio à vista.

O crescimento das organizações autolideradas

O consultor de liderança Peter Block propôs uma pergunta durante uma entrevista conosco: "É possível que um organismo coletivo tenha uma razão de ser além de crescer, e trazer algo para o mundo que não existia antes?". Sua resposta à própria pergunta foi: "Provavelmente, sim". Ele continuou a dizer que uma visão para que uma organização faça diferença realmente existe e tem sido articulada por especialistas como Margaret Wheatley, Chris Argyris e Peter Senge. "Mas não conseguimos institucionalizar essa visão", disse Block, "e assim ela permanece indefinida."

Embora nas últimas décadas a responsabilidade corporativa tenha crescido, a natureza fundamental das organizações não se transformou. Como Gray Hamel escreveu em *The Future of Management* [O futuro da gestão], a gestão das organizações mudou pouco desde o começo do século XX, quando novas técnicas de descrição de cargos, estruturas organizacionais e distribuição de autoridade evoluíram. Hamel observa que, se os pioneiros da gestão como Alfred Sloan e Frederick Taylor estivessem vivos hoje, encontrariam muitas coisas familiares na forma que as atuais empresas listadas na *Fortune 500* operam.

A questão é: O que representaria uma evolução nas corporações? Como seria uma empresa do final do século XXI? Como podemos construí-la hoje e usá-la para nos livrar das crises que estamos enfrentando?

As empresas de desenvolvimento de software, antes de distribuir a nova versão de um produto, normalmente perguntam para seus usuários o que eles desejam que não é oferecido pela versão atual. Se forem pessoas de negócios inteligentes, também perguntarão que novas abordagens encantarão os clientes. Então vamos fazer esse questionamento com relação às corporações. O que os usuários (investidores, empregados, fornecedores, governos, ativistas, organizações sem fins lucrativos e líderes de sindicatos) querem que a velha e ultrapassada versão não oferece? Quais novas características não somente os satisfaria, mas também os encantaria?

A organização do século XX foi construída sobre a analogia de corporações como indivíduos. Afirmamos que o problema é que essa analogia não foi levada adiante. Fazer essa ideia evoluir significa estender a analogia de uma forma nunca realizada antes.

Procurando ser claro, não estamos dizendo que as corporações (ou outros tipos de organizações) são pessoas. Não são. Nossa sugestão é que a analogia da corporação como indivíduo possui um valor ainda inexplorado — um valor tão grande que podemos finalmente construir organizações que possuem tudo: maiores lucros atrelados a uma autêntica responsabilidade social. Essas organizações terão uma força de trabalho empenhada e satisfeita e um relacionamento produtivo com todas as partes interessadas.

Ser "autoliderado"

À medida que começamos a seguir no caminho que nos levará até a nova versão de organização, pense no que significa ser uma pessoa. Quais aspectos da experiência humana são mais importantes para você? O direito de ter propriedade, empregar pessoas, processar e ser processado — a maneira em que as corporações são indivíduos hoje — estarão na lista, mas provavelmente próximos de seu final. No topo de sua lista, apostamos nisso, estarão valores, aspirações e questões nobres como família, relacionamentos, comunidade e até lazer e amor. Nossa vida sem esses aspectos não pareceria completa. A maioria de nós procura uma experiência totalmente integrada, na qual o que fazemos todos os dias está integrado e guiado por essas nobres aspirações.

Observe que essas aspirações são, no mínimo, parcialmente linguísticas. Amor, comunidade e relacionamentos não existem no mundo independentemente da linguagem[4]. Somente seres humanos, com sua natureza de linguagem, podem viver uma existência fundada em princípios.

---

[4] A questão se os animais possuem essas aspirações frequentemente aparecem neste ponto. Nessa discussão, é o suficiente afirmar que, mesmo se experimentassem amor, os animais não podem expressá-lo como nós fazemos, nem podem chamar essas experiências de "amor". Sem que a palavra seja transformada em experiência, a experiência por si só não é igual à nossa. Assim é seguro dizer que a nossa experiência de amor – e por extensão família, relacionamentos, comunidade e prazer – é unicamente humana, e existe em função da virtude de nossa natureza que usa a linguagem.

Nossa abordagem, baseada nas Três Leis, considera toda a experiência do ser humano como algo que aparece na linguagem. Defendemos que essa forma de abordar o que significa ser humano nos dá um caminho para integrar plenamente nossa vida com nossas aspirações. Também nos dá ideias que são as bases da criação da próxima versão de organização[5].

Uma pessoa cuja palavra é dividida ou inconsistente não é inteira e completa. Um senso de satisfação duradouro requer viver em integridade — honrando nossa palavra, como vimos no capítulo anterior. A integridade — falar consistentemente em todas as situações, manter nossa palavra sempre que possível, dizer quando não poderemos mantê-la e lidar com as consequências — nos faz inteiros, completos e poderosos.

A maioria de nós usa a linguagem de forma fragmentada. Procuramos ser queridos, ou obter aprovação, ou evitar situações que ocorrem para nós como dominadoras, e assim falamos de maneira a buscar aceitação, ou reconhecimento, ou segurança *naquele momento*. Em outro momento, com outro grupo, falamos de forma diferente e criamos falta de consistência e, no final, de poder. Não falamos honestamente, nos seguramos, damos nossa palavra e não a mantemos. O resultado é a falta de integridade e a perda de poder.

A maioria de nós desconsidera o efeito da falta de integridade em nossa vida. Como vimos no capítulo 4, a lista inclui perda de satisfação, liberdade e autoexpressão. Considere também que uma pessoa

---

[5] A ideia de uma organização autoliderada nasce em parte da influência do texto de Warren G. Bennis, "Toward a 'Truly' Scientific Management: The Concept of Organizational Health" [Em direção à "verdadeira" gestão científica: o conceito da saúde organizacional], *General Systems Yearbook* 7, 1962, pp. 269-282; do movimento de democratização, em especial do texto de Stanley Deetz, "Democracy in na Age of Corporate Colonization: Development in Communication and Politics from Everyday Life" [Democracia na era da colonização corporativa: desenvolvimento em comunicação e políticas da vida diária], Albany: State University of New York Press, 1992; e da literatura que trata do desenvolvimento organizacional, em especial Mohrman e Cummings, *Self Designing Organizations: Learning How to Create High Performance* [Organizações autodesenhadas: aprendendo a criar o alto desempenho], Reading, MA, Addison-Wesley, 1990.

sem integridade está sem seu Ser inteiro. Essa ideia não é nova. A coleção da *Stanford Encyclopedia of Philosofhy* [Enciclopédia Stanford de Filosofia] a descreve assim: "Integridade é primordialmente uma relação entre a pessoa consigo mesma"[6]. O mesmo artigo menciona "Integridade como autointegração". De fato, esse tema permeia todo o discurso da filosofia sobre integridade, relacionando-a com uma pessoa inteira e completa[7].

O lado positivo de honrar nossa palavra é também o caminho para criar relacionamentos sociais e de trabalho inteiros e completos, e nos dá a forma ativa de ganhar a confiança dos outros. Permite que quem nós realmente somos possa ir para a frente e ser uma presença no mundo. Chamamos essa pessoa de *autoliderada*[8]. Auto representa a plena integração de todas as partes de uma pessoa, incluindo aquelas conduzidas por princípios, valores, dignidade — as mais altas aspirações. A integridade permite que o verdadeiro EU de uma pessoa apareça e tenha um lugar.

É importante lembrar que quem somos aparece na linguagem por meio das conversas[9]. Uma vez tendo uma relação com nossa palavra baseada na integridade, podemos usar a conversa para criar

---

[6] Cox, La Caze e Levine. *Stanford Encyclopedia of Philosofhy* [Enciclopédia Stanford de Filosofia], originalmente publicada em abril de 2001, revisada em agosto de 2008, http://plato.satanford.edu/entries/integrity.

[7] Erhard, Werner e Jensen, Michael C. e Zaffron, Steve. *Integrity: A Positive Model That Incorporates The Normative Phenomena of Morality, Ethics and Legality* [Integridade: um modelo positivo que incorpora o fenômeno normativo de moralidade, ética e legalidade]. Harvard Business School NOM Working Paper nº 06-11, 25 de abril de 2008. Disponível no endereço http://ssrn.com/abstract=920625.

[8] Essa não é uma ideia nova. Linhas similares seguem as palavras de grandes filósofos e psicólogos, especificamente do século XX. Desses, Carl Jung foi bem claro a respeito, descrevendo "tornando-se a si mesmo" ou "autorrealização" como uma das etapas finais do desenvolvimento pessoal. De acordo com Jolan Jacobi, no livro *Psychology of C. G. Jung* [A psicologia de C. G. Jung], Londres, Routledge & Kegan Paul, 1942, p.127, esse processo resulta numa "atitude totalmente diferente em relação à visão da vida. Isto é, 'transformação' no pleno sentido da palavra".

[9] Essa ideia vem em parte da inspiração das culturas do *Stage Five* [Estágio cinco]. Veja Logan, Kig e Fisher-Wright, *Tribal Leadership: Leveraging Natural Groups to Build a Thriving Organization* [Liderança tribal: alavancando os grupos naturais para construir uma organização próspera]. Nova York, HarperCollins, 2008.

a vida ao redor desse Ser, resultando em alta eficácia, razão de ser, capacidade e satisfação.

A pessoa que é autoliderada ocorre com honra, focada, com confiança e sem arrogância, esperta, consistente, profunda e dedicada. De diferentes pontos de vista, uma pessoa autoliderada é descrita como iluminada, íntegra ou envolvida.

O objetivo deste capítulo é tornar uma organização autoliderada, com seu Ser aparecendo por meio de todas as pessoas que participam da rede de conversas dessa organização. O resultado é uma organização que tem tudo: lucros vertiginosos, empregados dedicados e compromissados, comunidades locais satisfeitas e sustentabilidade.

A nova organização: construída com base em seu Ser

A maioria das organizações inclui redes de conversas inconsistentes, dissonantes e confusas. Pense nas conversas que você escuta no trabalho. A seguir, algumas das frases lhe soarão familiares:

> *Por que estão fazendo isso conosco?*
> *Este não será um bom ano? O que os acionistas falarão?*
> *As fofocas são verdadeiras?*
> *O meu produto é melhor que o deles.*
> *Apenas quero fazer um trabalho bom o suficiente para garantir meu emprego.*
> *Quero ficar orgulhoso de meu trabalho.*
> *Espero que eles apreciem o que acabei de fazer por eles.*
> *Como aquela pessoa poderia se dar tão bem?*

Se fosse apenas uma pessoa se envolvendo em conversas contraditórias, poderíamos descrevê-la como esquizofrênica, paranoica ou psicótica. Certamente, não contaríamos com sua promessa nem procuraríamos sua liderança.

Entretanto, se a rede de conversas de uma organização puder ser administrada com integridade e harmonia, teremos o mesmo efeito que vimos na Lonmin, na New Zealand Steel, no Polus Group e em vários outros casos descritos neste livro. Todas aquelas organizações encontraram sua maneira de Ser e tornaram-se autolideradas.

Para que uma organização lide com as pressões às quais está exposta, precisa reescrever seu futuro alterando sua rede de conversas. Precisa criar um futuro poderoso para seus proprietários e alinhar suas redes de conversas para preencher aquele futuro. No processo, a maneira de Ser da organização aparece, por ser a essência coletiva de todas as pessoas envolvidas em sua operação, incluindo um futuro que as inspira e atende seus interesses. Isso é o que chamamos de organização autoliderada.

O processo para encontrar a maneira de Ser de uma organização é tão complexo que não pode ser simplesmente reduzido a um conjunto de etapas. Para isso, há um caminho crítico a seguir, detalhado na próxima seção.

Líderes, um passo à frente

A grande questão é: Por que mais líderes não dão um passo à frente? Peter Senge nos deu uma razão: "Todos possuímos um senso do que está acontecendo, uma profunda inquietude. Mas nos habituamos com os produtos modernos da vida de sucesso, e assim permanecemos distraídos e ocupados — e não prestamos muita atenção".

Jim Collins sugere que o que impede várias organizações de se tornarem "incríveis" é o foco em ser "boas"; ele nos dá outra razão pela qual não aparecem mais líderes. Somente quando os líderes abandonam sua satisfação com o bom é que podem tornar-se incríveis. Da mesma forma, as pessoas precisam ver além de seu sucesso atual antes de liderar o esforço de transformar uma organização.

Finalmente, muitas pessoas consideram que não têm autoridade para se levantar e fazer diferença, embora, na maioria das empresas descritas neste livro, o desejo de "algo a mais" começou com outras pessoas que não o CEO ou o responsável. Na Interface (onde Ray Anderson era o principal executivo), começou com os clientes perguntando sobre as políticas da empresa em relação ao meio ambiente. Na Lonmin, começou com as comunidades demandando um relacionamento diferente com a mina de platina. Na New Zealand Steel, começou com um empregado desejando aplicar ao trabalho o programa da Landmark Education. Na Northrop Grumman começou com um vice-presidente.

Um gerente de nível intermediário pode, por nossa experiência, usar a linguagem baseada no futuro para criar um exemplo em desenvolver novas formas de ação para as quais os executivos seniores ficam atraídos. Não é necessário autoridade para colocar uma organização num novo curso. É necessário assumir a situação e saber aplicar as Três Leis para transformar até organizações psicóticas e egoístas em cidadãs globalmente reconhecidas.

A primeira parte de dar um passo à frente começa por assumir a possibilidade de que sua organização pode ir além do que visualiza como sucesso, para um lugar que integra a motivação pelo lucro e o desejo de ser uma cidadã global. Esta é a primeira parte. A próxima é arriscada.

Gerenciar o ambiente da rede de conversas

Em setembro de 2000 a UPS lançou um comercial que descrevia pessoas que somente apresentavam propostas e deixavam outras pessoas carregar o fardo pesado. O comercial era mais ou menos assim:

> Três homens estavam sentados numa sala, um atrás de sua mesa e os outros do outro lado. Assim que o comercial iniciava, a importância da reunião podia ser percebida do lado de fora. A câmara entra na sala.
>
> "Achamos que você precisa integrar sua cadeia de suprimento global", diz um dos dois funcionários, "e mudar sua montagem para o exterior."
>
> "E acelerar a rotatividade do estoque", o outro diz. Os dois inclinam-se para a frente e dão um sorriso.

> O homem na posição de poder dá um profundo suspiro, cria coragem e declara: "Ótimo! Façam isso". Ele dá um sorriso com a satisfação de um comandante que tomou uma grande decisão.
>
> Os dois funcionários olham um para o outro com uma alegre surpresa. Um diz: "Senhor, nós não fazemos o que propomos".
>
> "Apenas propomos", acrescentou o colega.
>
> O comercial muda para uma rápida descrição da capacidade da UPS em fazer o que aqueles homens não faziam — e aí a cena muda para os dois homens saindo da sala. Assim que ambos pegam seus celulares, um pergunta para o outro com uma cara de não acreditar no que acontecera: "Você acredita naquele cara?".

A primeira pergunta é: Por que as pessoas acham esse comercial tão engraçado? Peter Block indiretamente nos deu uma resposta quando nos disse: "Uma das falhas da gestão atual é que fragmentamos as responsabilidades e cada um focaliza apenas sua parcela". As pessoas normalmente veem seu papel como o de fazer propostas, deixando a decisão e a implantação para outros. Frequentemente, os executivos veem seu trabalho como o de tomar decisões difíceis. Ambos os lados ficam frustrados, considerando que o outro não fez o suficiente. Block sugere: "Precisamos ter times de trabalho e redes pensando de forma mais ampla". Essas redes não se importam com quem é o responsável e caminham independentemente das propostas de implantação.

Para que um novo futuro apareça, o ambiente das conversas precisa incluir a integridade e a linguagem baseada no futuro. Para que a organização autoliderada apareça, as pessoas precisam assumir a responsabilidade por toda a organização e pelos interesses das partes interessadas. As pessoas precisam fazer mais do que propor. Executivos devem fazer mais do que tomar decisões difíceis. Todos precisam assumir a responsabilidade pela empresa, sua rede de conversas e o ambiente no qual elas são desenvolvidas.

Crie uma conversa contínua com as partes interessadas

Em uma passagem do livro *The Corporation* [A corporação], *sir* Mark Moody-Stuart, ex-*chairman* da Royal Dutch Shell, conta a história descrita a seguir sobre um protesto em sua casa de campo quando ele estava acompanhado de sua mulher. Aproximadamente 25 pessoas chegaram, penduraram uma faixa com os dizeres "Assassinos!" e marcharam ao redor de sua casa com máscaras de gás. No texto, *sir* Mark conta o que aconteceu:

> *Como uma demonstração pública, não era muito efetiva... era uma área rural, havia duas pessoas e um cachorro [em casa]... Mas sentamos com eles e conversamos por algumas horas, oferecemos chá e café, e eles almoçaram em nosso gramado.*
>
> *Depois de 20 minutos, disseram: "Bem, o problema não é você, é a Shell". E eu respondi: "Espere um pouco, vamos conversar sobre o que é a Shell. Ela é feita por pessoas como eu".*

Talvez a maior limitação dos negócios (não somente na Shell) é que sua rede de conversas é gerenciada com a noção: "Somente envolva as pessoas que *nós* precisamos envolver" ou "Mantenham os bárbaros fora dos portões". De alguma forma o equilíbrio entre a privacidade legítima e a correta transparência se perdeu. Como resultado, as organizações feitas com pessoas bem intencionadas frequentemente cometem crimes, oprimem as populações locais e prejudicam o meio ambiente.

Algumas organizações convidam os empregados para conversas estratégicas, mas em geral não envolvem as partes interessadas externas. Isso, de nosso ponto de vista, é tanto um problema quanto uma oportunidade — as organizações que iniciaram e se engajaram em conversas contínuas com as partes interessadas externas naturalmente evoluirão. Serão as primeiras a construir relacionamentos autênticos com os grupos e as comunidades que elas afetam.

Voltando ao exemplo da Shell e a reunião de *sir* Mark com os que protestavam, ele disse: "No final, o que descobrimos naquela conversa é que todas as preocupações deles eram também as minhas preocupações: clima, regimes opressivos, direitos humanos".

Havia grande diferença entre a maneira como a situação ocorria para *sir* Mark e para os que protestavam. Em suas palavras: "Eu sinto que poderia dar uma contribuição; aquelas pessoas sentiam-se frustradas, pois não podiam fazer nada". Quando não se permite que as partes interessadas participem da rede de conversas, elas ficam frustradas e irritadas, e algumas vezes se mobilizam para tentar fechar uma empresa.

Por que isso não acontece internamente no desenvolvimento dos negócios? A resposta é brutalmente simples. Essas conversas ameaçam os gerentes. Block ilustrou isso quando disse: "Escrevi um livro sobre *empowerment*[10], e as pessoas me chamavam para falar sobre *empowerment*, mas do que eles realmente queriam falar era sobre limites. Não consigo fazer uma apresentação sem que um gerente me pergunte algo sobre anarquia".

Vários gerentes têm medo de que abrir diálogos sobre preocupações externas significará perda total de controle. Aqui há uma lógica em ação: se uma organização ouve as preocupações de uma parte interessada e não age com consistência, as pessoas sentem-se abandonadas e frustradas — pior que no início. O processo requer integridade para funcionar — assim como qualquer outra coisa. Em nossa experiência, o benefício de um processo dedicado em envolver as partes interessadas externas ultrapassa muito seu risco.

A Lonmin é, em parte, uma exceção por causa da integridade construída nas redes de conversas. Seus líderes criaram locais que envolveram as partes interessadas internas e externas e trouxeram as preocupações dos sindicatos, elegeram autoridades, líderes comunitários trabalhadores de todos os níveis, reitores de escolas, ONGs, até

---

[10] O *empowerment* parte da ideia de dar às pessoas o poder, a liberdade e a informação que lhes permitam tomar decisões e participar ativamente da organização. As bases principais do *empowerment*, ou delegação de autoridade, são poder, motivação, desenvolvimento e liderança (N.E.).

o Banco Mundial. Sandile Nogxina, diretor geral do Departamento de Minas e Energia da África do Sul, foi questionado sobre o que fora feito de diferente na Lonmin em relação às outras empresas. Ele disse: "Eles nos ouviram". E nós acrescentamos: "E com integridade".

Estar atento a um futuro que inclui o Ser

A maneira de Ser de uma organização aparece quando as sementes corretas são plantadas. O ambiente de conversas precisa estar voltado para a integridade e a propriedade e ter sido implantado de acordo. As preocupações das partes interessadas precisam ser abordadas ativamente nas conversas. As pessoas precisam enfrentar a verdade sobre o futuro automático de sua organização e querer que este seja resolvido e deixado para trás. Quando tudo isso acontecer, as pessoas começarão a vislumbrar o que o grupo poderá alcançar.

À medida que a maneira de Ser emerge, as pessoas começam a perceber que todos possuem a mesma visão. Warren Bennis perguntou certa vez para Robert Zemeckis, cineasta de Hollywood, de qual filme ele mais tinha gostado, e ele imediatamente respondeu: *Forrest Gump*. "Por quê?", Bennis perguntou. E Zemeckis disse: "Estávamos todos fazendo o *mesmo* filme". Quando uma organização é autoliderada, como a equipe de produção de Zemeckis aparentemente era, o resultado é um esforço altamente focado e coordenado levando a um resultado de classe mundial. E, no caso do Zemeckis, a uma sequência de prêmios da Academia.

E se em sua empresa todos estivessem "fazendo o mesmo filme"? Ou lutando pelo mesmo objetivo — algo importante, talvez fazer a diferença?

Há situações nas quais a maneira de Ser emerge como um urso pulando para fora de uma caverna — de repente e de forma dramática. Conforme a Lonmin se engajava com suas comunidades, desenvolveu um processo chamado *Lentswe* (que quer dizer "voz" em *tswana*, uma das seis línguas faladas na região). Os 150 membros daquele grupo bem diverso encontraram-se por dois anos e desenvolveram um documento com uma visão e resultados estratégicos para 2040. À medida que essa visão era gerada, seus autores ficavam surpresos.

O auge para as 150 pessoas deu-se quando uma senhora idosa se levantou, interrompendo uma conversa sobre qual vila seria a primeira a ter a iluminação pública instalada, e disse:

> *A razão pela qual nada acontece por aqui é que pensamos como vilas diferentes. Precisamos nos preocupar com o que dará resultado para todos. Temos de pensar como "A Grande Comunidade da Lonmin", não como as pequenas vilas e comunidades de onde viemos.*

O nascimento da Grande Comunidade da Lonmin permitiu que os participantes experimentassem um novo sentido de Ser e que o futuro das populações locais se alterasse de conflitos e discussões para velocidade e criatividade.

Quando o trabalho deles no documento *Lentswe* foi concluído, os participantes estavam tão envolvidos que produziram um vídeo no qual os membros do *Lentswe* liam, cantavam e dançavam — na tradição sul-africana — sobre a visão para 2040. Quando a maneira de Ser aparece é algo concreto e empolgante.

Peter Block comentou sobre abordagens como essa quando disse:

> *No futuro, a liberdade será um princípio organizacional e ocupará o lugar do controle e previsibilidade. O movimento de transformação pessoal da década de 1970 facilitou que as pessoas perguntassem: "Esta é minha vida, e então o que eu quero ser?". Agora é o momento de as pessoas nas organizações questionarem: "Esta é minha organização, e então o que eu quero que ela seja?".*

Não perca seu Ser

Uma vez que a maneira de Ser da organização se torna clara, os líderes dão um passo à frente e usam a linguagem baseada no futuro para fazer declarações. Os gerentes expõem-se para construir sistemas, processos, políticas e procedimentos que permitam transformar essas declarações em realidade.

A maneira de Ser é poderosa, mas é também facilmente perdida. Durante o processo de escrever este livro, deparamos com vários casos nos quais os líderes fizeram de tudo até este ponto do livro, e a seguir o esforço desapareceu. Algumas vezes, isso aconteceu porque a empresa foi vendida, e a nova gerência não entendia o que significava esse esforço. Em outros casos, o líder de uma iniciativa deixou a empresa sem treinar um sucessor. Sem continuidade, a maneira de Ser de uma organização se dissipa, como fumaça num dia com ventos fortes, deixando que a política e os interesses de curto prazo tomem conta.

A gestão autoliderada

Quase no final de nosso projeto de escrever este livro, fizemos uma reunião na casa de Steve para revisar os casos, as entrevistas e os desafios que nos ocuparam por mais de oito anos. Uma de nossas maiores incentivadoras em escrever este livro é uma médica que se transformou em consultora de negócios, Halee Fischer-Wright. À medida que tentávamos entender por que mais organizações não focam em sua maneira de Ser, ela comentou: "É preciso existir um juramento de Hipócrates para a gestão".

Quanto mais discutíamos a situação, mais sua sugestão parecia perfeita. Em 1964, Louis Lasagna, o reitor da School of Medicine of Tufts University, inspirou-se nos escritos de Hipócrates e criou a versão moderna desse juramento que é usado pela maioria das escolas de medicina no mundo. Pense no estado da gestão moderna à medida que ler o juramento com o qual os médicos se comprometem. Uma parte diz o seguinte:

> *Aplicarei, para o benefício do doente, todas as medidas necessárias, evitando as armadilhas do tratamento em excesso e das terapias niilistas...*
>
> *Lembrarei que não trato de um quadro de febre, de uma metástase de câncer, mas de um ser humano doente, cuja doença pode afetar sua família e sua estabilidade econômica...*

> *Lembrarei que permaneço sendo um membro da sociedade, com obrigações especiais com todos os seres humanos com mente e corpo sãos, tanto quanto com os enfermos... Que eu sempre aja preservando as melhores tradições de minha vocação e experimente por um longo tempo o prazer de curar aqueles que procuram minha ajuda.*[11]

A questão óbvia é: Como seria a versão dos gestores para o juramento de Hipócrates? Propusemos esta pergunta a vários acadêmicos, líderes de negócios, consultores, autores famosos e outros formadores de opinião. A maioria disse que a versão atual seria: "Prometo gerar valor para o acionista. Ponto".

Um dos especialistas que entrevistamos foi Rakesh Khurana, da Harvard Business School. Em 2007, Khurana escreveu o livro *Higher Aims to Higher Hands: The Social Transformation of American Business School and the Unfulfilled Promise of Management as a Profession* [Metas sublimes para mãos sublimes: a transformação social das escolas de negócio norte-americanas e a promessa não cumprida da gestão como profissão]. Quando o entrevistamos, Khurana estava terminando outro livro sobre a necessidade de os gestores comprometerem-se com mais que somente o valor dos acionistas.

Como nós, Khurana acredita no poder da empresa livre, mas também que os gestores têm muito trabalho a fazer. Ele disse: "A ideia original [no século XX] era de tornar a gestão uma profissão... isso não aconteceu. O estado contemporâneo da educação de negócios é, de várias formas, a antítese dessa ideia".

Khurana explicou que, no início do século XX, exigia-se uma responsabilidade maior das corporações. O Congresso norte-americano envolveu-se e os gestores prometeram autorregular-se. Ele continuou: "Os gestores tinham uma abordagem semelhante a do filme *O campo dos sonhos*: 'Se criarmos uma escola de negócios, a

---

[11] O juramento foi traduzido do livro original para dar sequência ao raciocínio dos autores. O juramento usado pelo Conselho Regional de Medicina do Estado de São Paulo pode ser acessado no site http://www.cremesp.com.br/?siteAcao=Historia&esc=3 (N.T.).

profissão emergirá'". As escolas de negócios tornaram-se uma área de grande crescimento nas universidades, mas a gestão nunca encontrou sua nobre razão de ser.

Em vez disso, a gestão desenvolveu um crescente e poderoso conjunto de ferramentas para dar retorno aos acionistas. Baseados na abordagem científica de gestão e em novas abordagens nas décadas que se seguiram, os gerentes aprenderam a criar descrição de funções, distribuir direitos de decisão, definir metas, avaliar desempenhos e coordenar o trabalho de milhares de pessoas. A gestão focou na mecânica de conquistar, e os resultados são além de impressionantes. Como Khurana declarou: "A corporação [...] tirou mais pessoas da pobreza e criou mais bem-estar que qualquer outra coisa. Mas o que parece ter se perdido é a contextualização da corporação dentro da sociedade na qual ela se insere. Perdemos a habilidade de raciocinar e identificar qual é sua finalidade".

As questões que essa profissão está enfrentando hoje são: Quem pode liderar os gestores para descobrir essa finalidade? Quem pode fazer algo pela gestão como o dr. Louis Lasagna fez pela medicina? Dizendo de forma diferente: Quem pode encontrar a razão de Ser da gestão?

Se as experiências das últimas décadas derem algum indicativo, esse esforço não será liderado por acadêmicos, juristas, ativistas políticos ou pela mídia. Como a maioria das inovações nos negócios, esta sairá do próprio mundo dos negócios.

Somente um líder de negócio realizado, que construiu sua empresa como uma cidadã global, terá a legitimidade de se envolver nesse desafio.

Isso virá, acreditamos, de pessoas que lideram com o poder das Três Leis do Desempenho.

Ao concluir a seção intermediária deste livro, aqui estão algumas questões que relacionam os pontos-chave deste capítulo a sua vida:

1. Em que extensão os líderes desta organização focam além do lucro?
2. De que forma estamos "exteriorizando"?
3. De todas as pessoas nesta organização, quem está mais bem preparado para liderar um esforço em encontrar sua razão de Ser?
4. O que posso fazer para facilitar este processo?
5. Se esta organização tornar-se autoliderada, que impacto podemos ter além de nossas próprias fronteiras?

Chamada para os líderes

Pela primeira vez na história, encontrar o Ser de uma organização é mais do que uma boa ideia; é uma necessidade do negócio. Uma empresa que escuta e responde a todas as suas partes interessadas pode construir um modelo de negócios para formar uma parceria de longo prazo por todo o mundo global dos negócios.

Vamos agora para a terceira e última parte deste livro — como tornar-se um mestre no jogo do desempenho. Ela mostra o que você encontrará ao tornar-se um mestre nas Três Leis.

PARTE III

SENDO UM MESTRE NO JOGO
DO DESEMPENHO

6

Quem ou o que está liderando sua vida?

> Todos pensam em mudar o mundo,
> mas ninguém pensa em mudar a si mesmo.
> — *Lev Tolstói*

Quem ou o que está liderando sua vida? A aprovação dos outros? Agradar sua mãe ou seu pai? As expectativas dos outros sobre você? Provar para os outros que você é capaz? Talvez provar-se perante si mesmo?

Este capítulo trata de um trabalho mais profundo — o tipo de trabalho que é preciso ser realizado para que possamos ser líderes em nossa vida. E realmente queremos dizer ser um líder em todos os aspectos de nossa vida, incluindo o trabalho e os relacionamentos com a família, com a comunidade, até mesmo com toda a sociedade. Warren Bennis capturou essa ideia no início de seu livro *An Invented Life* [Uma vida inventada]. Ele escreve: "Acredito na autoinvenção, tenho de acreditar nisso [...] Ser autêntico é literalmente ser nosso próprio autor [...] descobrir nossas energias e desejos originais, e daí encontrar o caminho para agir de acordo".

A frase "energias e desejos originais", nas palavras de Bennis, captura a essência da melhor parte de uma pessoa. Quando construímos nossa vida em torno dessa essência, cada aspecto de nossa vida se transforma.

Aqui encontramos uma encruzilhada em nossa estrada — continuar como antes ou reinventar-nos. A maioria das pessoas vive uma vida "jogada", como um dado, sendo pegas nas situações da vida, mas nunca realmente comandando as jogadas.

Se encararmos esse desafio da autoinvenção, acabaremos nos vendo numa estrada não familiar. Em vez de sermos comandados pelo que foi importante para nós no passado, nos veremos "sendo" aquilo que nos comprometemos a ser, aquilo que defendemos, aquilo que é nossa visão. Pareceremos para os outros carismáticos, espertos, confiantes e calmos perante as situações. Estaremos prontos para os papéis de liderança em nossos relacionamentos, grupos, organizações, comunidades e até na sociedade.

Este capítulo trata do que é necessário para nos reinventarmos e sermos líderes nas áreas de nossa vida realmente importantes. O trabalho inclui analisar as áreas não tão bonitas de nossa vida. Essa exploração trará à tona assuntos que estão escondidos de nossas vistas ou, pelo menos, assuntos incompletos.

Retomando um tema já apresentado no livro, a maioria das pessoas têm em mente algo importante que farão "algum dia". Essa ilusão do "algum dia" é muito difundida, suave e até tranquilizadora. Mas a vida não se encaixa nessa ilusão: os jornais trazem matérias de pessoas que morrem em acidentes de carro no caminho para o trabalho. Essas pessoas não acordaram com a expectativa de que isso aconteceria. Tinham certeza de que seria apenas mais um dia de trabalho. A realidade pode ser rude em suas surpresas e sórdida quando se intromete em nossas esperanças e sonhos. A Dona Sorte sempre sorri para alguém que ganha na loteria, mas isso nunca acontece conosco.

Quando emolduramos nossos sonhos, esperanças e queremos que eles aconteçam na categoria de "algum dia", separamo-nos da vida que acontece agora. O algum dia nunca chega. O que existe é somente o agora. Veja a história de Colin Wilson.

Quem é você, de verdade?

Colin Wilson, o inventivo e influente escritor inglês, nasceu de pais trabalhadores de uma comunidade relativamente pobre da Inglaterra. Embora sua ambição incluísse ser o próximo Albert Einstein, ele foi forçado a deixar a escola aos 16 anos.

Trabalhando como assistente de laboratório, ele entrou em desespero e decidiu terminar a própria vida bebendo cianeto de hidrogênio. Pouco antes do que seria seu último ato, sua ficha caiu: na verdade havia *dois* Colin Wilson. Era como se duas pessoas vivessem no mesmo corpo. Um era um menino idiota tomado pela autopiedade. O outro era seu eu verdadeiro.

Ele concluiu que o menino idiota estava quase matando ambos.

Daquele momento em diante, Colin Wilson ocorria a si mesmo de uma nova forma. Ele viu-se como o "Colin Wilson verdadeiro", no lugar do assistente de laboratório sem sucesso. Mais tarde descreveu esse instante: "Vislumbrei a maravilha e imensidão da realidade, estendida em horizontes distantes".

Quando a maneira como uma pessoa ocorre a si mesma se altera, todo o resto se altera também.

Pense no imenso trabalho de um líder. Imagine cada aspecto de seu trabalho. Este capítulo é sobre a construção da liderança ao redor de nosso "verdadeiro" eu. Somente depois disso estaremos prontos para liderar outras pessoas, organizações e até a sociedade a novos patamares.

Como você se tornou quem você é?

Há vários modelos que explicam como nos tornamos a pessoa que somos hoje. Veja se este se encaixa.

Todos nós temos momentos de definição em nossa vida que nos colocam no caminho que estamos vivendo. Aqui estão dois de nossos momentos, sendo o primeiro de Steve:

No primeiro dia da sétima série, sentei em minha classe e não vi nenhum de meus amigos; em vez disso, vi os garotos zangados que estavam em minha antiga classe. No almoço, eu me encontrei com meus amigos e perguntei em qual classe eles estavam. Alguns disseram "7-1" e outros "7-2". Eu estava na "7-3".

Levou apenas um momento para que todos compreendêssemos o que a distribuição nas classes significava. Os espertos foram para a "7-1". Os burros para a "7-3".

Era óbvio que um erro tinha sido cometido. Eu deveria estar na "7-1".

No final das aulas daquele dia, fui até o conselheiro da sétima série e bati em sua porta. Um homem alto — muito alto, particularmente para um menino da sétima série — abriu a porta e curvou-se para ouvir minha pergunta. Eu lhe disse: "Estou na 7-3 e isso deve estar errado. Todos os meus amigos estão na 7-1 e 7-2".

O conselheiro disse: "Você lembra aqueles testes que você fez no final da sexta série?".

"Não."

Fazer testes, estudar e fazer as lições de casa eram itens sem importância para mim. Brincar no pátio era o que importava.

"Aqueles testes determinaram qual classe você deveria frequentar. Assim, não há erros. Você está na classe certa."

E a seguir ele fechou a porta. Fiquei imóvel pelo que pareceu ser uma eternidade, olhando sem piscar para a porta e pensando: O que vou dizer para minha mãe? Nunca mais esqueci a cor e o tipo de madeira daquela porta.

Depois de muitos segundos olhando para a porta que estava fechada, cheguei a uma esmagadora conclusão: Há algo de errado aqui, e há algo de errado comigo.

Eu disse a mim mesmo: Eu não sou inteligente o suficiente. Esse era um tipo de conclusão que eu tinha de esconder, em especial de minha mãe. Afinal de contas, ela esperava que eu me tornasse um doutor. Em vez de sucumbir a não ser inteligente o suficiente, decidi fazer algo a respeito: estudar. Eu nunca me preocupei em estudar, mas agora tudo havia mudado. Como eu não era inteligente, a estratégia era estudar, estudar e estudar. Talvez trabalhar duro compensasse o fato de eu não ser inteligente.

Durante aquele ano, a escola fez um novo teste de matemática e inglês. Eu tirei 10 em matemática e 9,5 em inglês. Passaram-me para a 7-1. Os meninos sabiam então que eu era inteligente. Mas eu nunca me senti assim.

No seu íntimo, Steve os havia enganado. Sob a dolorosa dúvida de *Não sou inteligente o bastante*, ele continuou a estudar, tirando ótimas notas, sendo reconhecido na sociedade e defendendo os outros. Mas, apesar do sucesso acadêmico obtido, Steve nunca conseguiu vencer a maneira como ocorria a si próprio: ele não era inteligente. Independentemente de como Steve mascarava sua insuficiência mediante um trabalho duro, ele continuava ocorrendo a si mesmo como o menino da sétima série parado diante da porta do conselheiro. Anos mais tarde formado pela Cornell com honras e com mestrado em filosofia pela University of Chicago, o mesmo doloroso sentimento permanecia. Steve continua sua descrição:

> *Quando entro numa nova classe, não digo nada até verificar se sou ao menos tão inteligente quanto alguns dos presentes. Minha liberdade em expressar-me e assumir papéis de liderança na classe estava condicionada a uma dolorosa dúvida.*

Todos nós passamos por momentos em que tomamos decisões críticas sobre nós mesmos e que nos dão um sentido permanente de quem somos, não apenas naquele momento, mas por toda a vida. Em função da natureza dessas decisões nas quais definimos quem somos, enxergamos a nós mesmos de uma forma que limita quem podemos ser e o que podemos fazer. A fim de encontrar o caminho para algo maior, precisamos primeiro ver o caminho que nos levou até esse momento. A decisão crítica de Dave Logan aconteceu num jantar quando ele tinha 8 anos:

> *Eu estava jantando com meus pais, que se pareciam muito com as personagens Ward e June Cleaver no programa de tevê* Leave It To Beaver *[Foi sem*

querer]¹, e com meu irmão e irmã mais velhos. Falávamos sobre Ronald Reagan, que concorria à presidência dos Estados Unidos. Meu pai, liberal, estava irado; minha mãe, conservadora, estava maravilhada; e um debate familiar devastou frango, purê de batatas, molho e brócolis.

No meio da calorosa discussão sobre se o mundo acabaria, eu disse com voz baixa e aguda: "Vai dar tudo certo". Minha irmã, a quem sempre considerei brilhante e amigável, gritou: "Por que você não cala a boca quando não tiver nada a dizer?". E depois murmurou: "Meu Deus! Você sempre faz isso!".

O tempo parou assim que a "verdade" me atingiu. Eu disse a mim mesmo: Eu sempre faço isso... Nunca tenho nada a dizer. E mais profundamente conclui: Há algo de errado comigo... Não sirvo para nada.

Eu não iria desistir. Brigando comigo mesmo para recuperar minha dignidade e a admiração de minha irmã, eu disse: "Bem, meu professor falou que o Reagan pode conquistar o respeito dos russos".

Depois que eu disse aquilo, uma coisa impressionante aconteceu: todos realmente me escutaram. Até minha irmã. Então aprendi que citar autoridades era o caminho para compensar a ausência de comentar algo útil.

O meu direito de dizer alguma coisa conectou-se com dizer o que os especialistas diziam.

Essa visão de mim mesmo permaneceu por anos, mesmo depois de eu ter conseguido meu Ph.D. Nas entrevistas para a mídia, eu citava os especialistas em vez de dar minha própria opinião. Minha habilidade de ser um líder de ideias estava suprimida. Em busca de ter algo a dizer, eu apelava para a credibilidade dos outros em vez de expressar meus próprios pontos de vista. O custo era que eu havia perdido minha voz.

As decisões que modelam nossa vida no ambiente de conversa incluem: *Há algo errado aqui* e *Há algo errado comigo*. Para Steve, havia algo errado em estar na classe com os meninos brigões e pouco inteligentes. E havia algo errado com ele — não ser inteligente o bastante. Para Dave, havia algo errado quando sua irmã legal gritou

---

¹ Os Cleavers são uma típica família estadunidense, formada por Ward, o pai sensato; June, a mãe adorável; Wallace, o filho adolescente; e por Theodore "Beaver", um garoto de 8 anos (N.E.).

com ele. E havia algo errado com ele — não valer nada e não ter nada a dizer.

Tente lembrar esses momentos fundamentais em que você experimentou haver *algo errado aqui* e *algo errado comigo*. Se você conseguiu recordar, verifique qual decisão você tomou para enfrentar essas situações no futuro: uma decisão específica de ser de alguma maneira, naquele instante e no futuro, de uma maneira que produz resultados e modela o que há de errado com você.

As decisões que tomamos sobre o que há de errado conosco formam a base de nossa persona — quem nós consideramos ser.

É importante compreender que essas não são decisões triviais, como qual filme veremos ou onde iremos jantar. Esse tipo de decisão altera a vida. É como se você estivesse num julgamento, e esse julgamento fosse sobre quão bem você está conduzindo sua vida. Você assume três papéis ao mesmo tempo: acusado, jurado e juiz. Você será julgado culpado por definição. Se não for assim, para que o julgamento? Quando a evidencia é apresentada — ou seja, uma vez que você tenha revisado o que você declarou de errado a respeito de si mesmo — é anunciada uma sentença. Essa sentença é a decisão a que você chegou sobre como agir no futuro para compensar o que falta em você. É uma sentença para toda a vida, sem perdão. Essa sentença perpétua limita e reduz a maneira como você ocorre a si mesmo, e até como a vida ocorre a você.

A sentença de vida de Steve era estudar muito para compensar não ser inteligente o bastante. A de Dave era captar o que as autoridades diziam, para compensar o fato de que ele não tinha nada a dizer.

A sentença perpétua funciona exatamente como foi desenhada — ajuda você a sobreviver e lhe dá um caminho para alcançar o sucesso. Steve estuda com uma obsessiva ética no trabalho, e Dave concentra-se em pesquisas que lhe deem ideias sobre qualquer problema que encontrar.

Várias técnicas de desenvolvimento de liderança desenvolvem-se sobre os atributos da persona que é criada naquele momento de estresse e sobrevivência graças à sentença perpétua. Mas vamos analisar mais de perto essas técnicas. O que acontece se construímos nossa liderança em cima dessas sentenças perpétuas? No melhor dos casos, será uma liderança limitada e não autêntica (da persona), ocultando o que acreditamos ser a verdade sobre nós mesmos. Steve queria ser reconhecido como inteligente, mas todas as suas ações estavam contaminadas pela consideração de que ele não era inteligente o bastante. Dave queria ser visto como tendo algo a dizer, mas todas as suas ações estavam contaminadas pela consideração de que ele não tinha nada a dizer. Isso também pode ser verdadeiro para você: está tentando ser reconhecido por algo que você não é?

Observe as pessoas a seu redor tentando atuar como líderes em todas as áreas da vida. Se você analisar de perto, poderá perceber a persona em que se tornaram num momento de crise muito tempo atrás. Você poderá reconhecer a sentença perpétua que elas mesmas se impuseram, e frequentemente terá uma percepção do que essa sentença tenta corrigir. Por exemplo, imagine pessoas que são (para si mesmas) superficiais, ou impopulares, ou pouco atraentes, ou indignas de serem amadas. Imagine os tipos de compensações que elas desenvolveriam: inovadoras (versus superficiais), com estilo (versus impopulares), trabalhadoras (versus não atraentes), orientadas a serviços (versus indignas de serem amadas). Você poderá notar a alegria de se livrar dessas sentenças, e o profundo reconhecimento de que elas não eram verdadeiras.

Um dos consultores no projeto da Lonmin foi Larry Pearson. Ele é um grande ex-jogador de futebol americano com 110 quilos, mestrado em trabalhos sociais, formidável em fazer apresentações, que se sente confortável e tem facilidade com relacionamentos. Ele compartilhou conosco sua persona desenvolvida durante o curso de sua vida. À medida que acompanhar sua história, observe as decisões que ele tomou, a persona que criou e as respectivas limitações que as acompanharam.

Cresci num bairro afro-americano bem complicado. No ensino médio, quando eu estava na sala dos armários, um cara veio para cima de mim e colocou uma faca em minha garganta, dizendo: "Se você não chorar, cortaremos você". Depois de 30 segundos, pensei: "A única maneira de me livrar desta é chorar". Então chorei. E decidi que nunca mais deixaria alguém me ameaçar novamente. Serei mais forte que eles. Sempre encontrarei uma saída. Não cairei mais em armadilhas. Serei suficientemente inteligente, suficientemente esperto.

Pearson também possuía uma forma de dislexia e, como resultado, tinha dificuldade de ler. Depois desse incidente, Pearson decidiu que acharia uma saída para sua dificuldade de leitura sem cair na armadilha de depender que outros lessem para ele. "Eu não podia ler as placas de indicação nas ruas, então aprendi a reconhecer os meninos que iam para minha escola e os seguia. Quando estávamos a poucas quadras da escola, eu ficava tranquilo". Ninguém sabia que ele não podia ler, nem seu professor ou sua mãe. "Quando conversávamos sobre um livro na aula, eu esperava alguém falar antes de mim, já que eu não havia lido o livro. Aprendi a elaborar ideias em cima do que as pessoas relatavam, enrolando com uma história de modo que ninguém perguntava se eu havia lido o livro. Eu era muito bom no que fazia, apesar de ter me tornado um falastrão, inautêntico e mentiroso. Infelizmente eu não tinha amigos próximos, mas agora entendo que as pessoas não confiavam em mim".

Larry aprendeu que as pessoas são boas em "farejar" a falta de autenticidade. Sempre que uma pessoa percebe a falta de consistência naquilo que você diz, um sentido de desconfiança é disparado e intui-se que você não está sendo correto com ela. As pessoas podem até detectar pequenos movimentos inconscientes de nosso corpo e, embora não possam explicar o que as incomoda, percebem que há algo errado.

É claro que as pessoas não falam sobre a falta de autenticidade dos outros. É como se houvesse uma regra não dita: *Não chame minha atenção e eu não chamarei a sua! Mas, se você fizer isso, vou fazer também!* E assim as pessoas continuam a viver fingindo não perceber o óbvio.

A encruzilhada que comentamos antes neste livro pode ser vista como uma escolha entre encaixar-se ou resistir. Seguiremos o caminho da "resistência", e ele não é para pessoas comprometidas com o conforto. Envolve transformar-nos, encontrar o verdadeiro sentido de quem somos para nós mesmos. Ao fazer isso, poderemos criar habilidades, capacidades e intenções que nos colocarão no assento do motorista de nossa vida.

Enxergando os limites da sentença perpétua

Agora vamos fazer uma reflexão. Pense em sua experiência de liderança.

Em quais situações você se vê como perfeitamente capaz de exercer liderança? Acrescente o máximo de experiências em sua lista.

Em quais situações específicas você se sente menos capaz em exercer liderança? Crie outra lista.

Pegue uma situação na qual você se sentiu capaz de liderar. Provavelmente ela está alinhada com a persona que você inventou num momento de crise[2].

Pegue uma situação em que você se considerou não capaz de liderar. Provavelmente é uma situação na qual sua persona é ineficaz.

Analise em sua vida um incidente, em que você decidiu que havia algo errado ou algo estava errado com você. Provavelmente isso aconteceu quando você era uma criança ou ainda adolescente. De alguma forma você encontrou uma maneira de sobreviver e lidar com essa situação "ruim" fazendo algo novo, algo que encobria aquilo que havia de errado com você.

Você consegue lembrar o que decidiu fazer e como decidiu ser para lidar com aquela situação "errada"? Verifique como você se sen-

---

[2] Algumas informações desta seção foram adaptadas do curso realizado em 2006, 2007 e 2008 na Simon School of Business, da University of Rochester, chamado "The Ontological Foundations of Leadership and Performance" [Os fundamentos ontológicos da liderança e do desempenho].

tenciou para a vida que está vivendo agora — tendo de ser de alguma maneira para corrigir o "algo de errado" em você.

O propósito desse exercício é duplo. Primeiro, serve para reconhecer da forma mais clara possível a persona que você criou — incluindo em que ela é efetiva e em que falhará. Segundo, serve para começar a experimentar a sentença perpétua que fez nascer a pessoa que você é agora. Você encontrou uma forma de sobreviver e, ao fazer isso, moldou quem você é hoje.

Observe também que, assim como havia dois Colin Wilson, há na verdade dois de você. Um é a persona que você criou. Esta procura sobreviver num mundo em que *há algo de errado*, para parecer bem, enganar os outros — e até a si mesmo. Ela é construída sobre os fundamentos de sua sentença perpétua.

A outra pessoa é quem você realmente é, não limitada por uma persona. Mas como ir além dos limites de nossas sentenças perpétuas?

Derrubando a sentença perpétua

A boa notícia sobre a sentença perpétua é que você não é apenas o acusado, o juiz e o júri. Pode ser também a corte de apelação. Você pode reverter a condenação e libertar-se da prisão das limitações. A má notícia é que há um trabalho sério a ser desenvolvido.

Primeiro você tem de dizer a verdade sobre sua sentença perpétua e sobre o que ela está escondendo. Esse passo requer que você reexamine as evidências usadas no julgamento contra si mesmo, e, à luz de sua atual maturidade, trazer alguma compaixão para aquela criança que estava apenas tentando lidar com a vida. Somente após o caso completo ser apresentado à corte de apelação, é que ele pode ser resolvido.

Um obstáculo é que a maioria das pessoas não tem consciência de que sucedeu um julgamento algum dia. Nossa tendência é ir vivendo e esquecer esses incidentes. Eles somem dentro de nossa memória para sobrevivermos intactos àquele momento. Depois, não lembramos a decisão e dizemos simplesmente: "É assim que eu sou".

Mas você pode lembrar aquilo de que se esqueceu. É uma questão de trazer à luz o incidente que está oculto. Se você assistir a esse incidente como um filme, normalmente se lembrará do roteiro. A seguir há uma lista de perguntas que o apoiarão na busca do incidente a ser trabalhado, e a descobrir o roteiro que o levou à sua sentença perpétua:

1. Como você quer ser reconhecido pelas pessoas (por exemplo, como inteligente, engraçado, articulado)?
2. Quando você decidiu ser assim? Houve um momento em que você sentiu: *Há algo errado aqui*? Você consegue lembrar o momento em que disse a si mesmo: *Há algo de errado comigo*? O que aconteceu nesse momento?
3. Qual decisão você tomou sobre como agiria no futuro?
4. Como num julgamento, a motivação é importante. Qual sua motivação — sua intenção — em tomar aquela decisão e criar aquela persona? Era para sobreviver? Para parecer bem? Para evitar parecer mal? Ou outra coisa?

Observe como essa persona ou identidade se desenvolveu. Provavelmente você se sentiu como se estivesse simplesmente aceitando a realidade. Mas na verdade você estava respondendo a como aquela situação ocorria para você e como você ocorria para si mesmo. Quando Steve disse a si mesmo *Não sou inteligente o bastante*, ele estava ao mesmo tempo impondo uma interpretação sobre a situação e criando um futuro para si próprio. Uma interpretação diferente poderia ter sido: *Não levei aquele teste da sexta série a sério* ou *Não me saio bem em testes, mas sou inteligente em outras formas de avaliação*. Quando declarou a si mesmo: *Não sou inteligente o suficiente*, Steve fez uma declaração na forma de decisão. Ao dizer a si mesmo: *Vou estudar muito*, ele estava fazendo outra declaração e tomando outra decisão. Nesses tipos de declaração, ele modelou boa parte de sua vida adulta. Não se tratava apenas de ações de uma criança aceitando sua realidade, mas de uma criança criando uma realidade que ficou presa a ela por toda a sua vida.

Uma vez que a sentença perpétua é revelada como ela realmente é — uma decisão sobre como ser no futuro, apesar de ter sido tomada num momento de estresse —, você passa a ter uma escolha. Como qualquer decisão é por si só uma ação que requer linguagem, você poderá renovar ou revogar essa sentença perpétua. No entanto, se você não a vir como ela é, não poderá decidir nada mais sobre quem você será.

Algumas decisões pessoais são dramáticas, assim como os incidentes que as induziram. Arunaraje Patil, uma mulher com fala agradável de Mumbai, Índia, nos contou uma situação que aconteceu com ela:

> *Eu era feliz em meu casamento, tinha duas crianças, trabalhava na produção de documentários e filmes. Aí minha filha teve câncer aos 9 anos de idade e, apesar de ter ido para Nova York para um tratamento, ela morreu um ano após o diagnóstico. Vinte e quatro horas após sua morte, meu marido pediu o divórcio, dizendo que não me amava.*
>
> *Fiquei profundamente triste, mas decidi dar tudo para meu filho — educação e uma boa vida. Decidi que eu era um refugo, mas deveria manter-me forte para o bem dele. Por dentro, eu estava chorando todo o tempo.*

A sentença perpétua de Arumaraje Patil era que ela nunca mais poderia ser feliz, uma vez que havia perdido a filha e o marido, a quem amava tanto. Ela revisitou esse incidente e as decisões que tomou num programa da Landmark Education. Acompanhe seu testemunho: "À medida que eu seguia o programa, dei-me conta de que o sofrimento poderia ser considerado uma escolha, e isso me atingiu como uma bala. Percebi que eu havia escolhido sofrer pelo bem de meu filho, mas minha tristeza me impedia de dar a ele o mais importante — uma mãe feliz". Ela continuou: "O meu espírito se elevou. Eu podia sorrir. Decidi não mais ser uma vítima das circunstâncias. Tudo mudou, de repente e dramaticamente".

Arumaraje poderia ter criado uma nova interpretação para seu sofrimento. Essa nova interpretação, embora incomum, foi a que permitiu criar um futuro poderoso, um futuro sem sofrimento. Não era uma interpretação criada para fazê-la sentir-se bem (como um pensamento positivo), mas uma interpretação que se encaixava nos fatos e a deixava com uma escolha em relação a seu próprio sofrimento.

Observe que, para reescrever o futuro de Arunaraje Patil, seria necessária uma linguagem baseada no futuro (generativa). Antes daquele momento, ela estava usando uma linguagem descritiva, aprisionada por sua situação.

Somente após reconhecer que foi você mesmo que tomou essas decisões e julgamentos, é que você poderá subverter a sentença perpétua. Se você acreditar que foi outra pessoa ou foram as circunstâncias que fizeram isso com você, você não terá poder. Mas, se você for o gerador do julgamento, você mesmo poderá anulá-lo.

Uma liderança extraordinária emerge da seguinte questão: "Se eu não sou esta persona, quem sou realmente?".

Criando uma crise de autenticidade

A história a seguir ilustra o que chamamos de *criar uma crise*.

Essa interpretação é diferente do que normalmente pensamos a respeito em relação a uma crise, que em geral é circunstancial. Perder o emprego, sobreviver a um acidente, receber o diagnóstico de uma doença incurável — estas são crises circunstanciais.

Não estamos nos referindo a uma crise que você *tem*, mas a uma crise que você *cria* em relação ao que realmente interessa para você. É uma crise de seu eu real contra a persona e a sentença perpétua. Ou, nas palavras do chefe cherokee, entre "raiva, inveja, pena, remorso..." e "felicidade, paz, amor, esperança, serenidade".

> Um velho chefe cherokee está ensinando seu neto sobre a vida:
>
> "Há uma luta acontecendo dentro de mim", ele disse ao menino. "É uma luta terrível entre dois lobos."
>
> "Um é diabólico — ele é bravo, invejoso, aflito, desgostoso, ganancioso, arrogante, com autopiedade, ressentido, inferiorizado, mentiroso, falso, orgulhoso, superior, inseguro e egoísta."
>
> "O outro é bom — ele é alegre, pacífico, amável, esperançoso, sereno, humilde, agradável, benevolente, empático, generoso, verdadeiro, com compaixão e com fé."
>
> "Essa mesma briga acontece dentro de você — e dentro de todas as demais pessoas também."
>
> O neto pensou a respeito por um minuto e perguntou ao avô: "Qual lobo vencerá?".
>
> O velho chefe simplesmente respondeu: "Aquele que você alimentar".

A ideia de intencionalmente criar uma crise é contraintuitiva. Quem quer uma crise? A vida não é sobre evitar crises? A vida não é sobre sorrir e ir à praia? Mas se você quiser transformar quem você é — como você ocorre para si mesmo —, então precisa criar uma crise de identidade cuja saída seja a transformação.

Voltando a um tema já apresentado, considere sua vida uma peça de teatro com três atos. A sentença perpétua aconteceu no primeiro ato, seguido por trabalho duro e sucesso, mas com um incômodo sentimento de que falta algo. Imagine um terceiro ato no qual a sentença perpétua foi revertida e sua vida é renovada, livre da submissão, do remorso e das desculpas.

Nos últimos cem anos, vários estudiosos analisaram as histórias que amamos ouvir e contar. De *Odisseia*, *Longa jornada noite adentro* a *Hamlet*, *Guerra nas estrelas* até *E o vento levou*, todas as principais histórias seguem uma sequência similar. Há ação, complicação, crise, clímax, sobrevivência e resolução.

Como criamos esse tipo de crise que nos leva a nos transformar? Fazemos isso focando áreas de nossa vida nas quais não somos autênticos, aqueles momentos em que estamos fingindo. Inevitavelmente, essas são as áreas de nossa vida nas quais ficamos resignados, com falta de liberdade, felicidade e plena autoexpressão. Criamos uma crise ao abandonar a submissão e defender uma vida na qual experimentamos ser nós mesmos, repletos e poderosos.

Em 1970, um homem participava de um programa liderado por Steve. No primeiro dia, ele levantou e disse: "Há 30 anos, eu estava num campo de concentração. Libertado, mudei para Nova York, mas nunca realmente me libertei daquele campo. Todos os dias acordo com raiva e ressentimento em relação aos guardas e ao que eles fizeram a mim e a minha família, amigos e companheiros".

Ele perguntou: "Será que posso me libertar do campo de concentração?". Steve conta a história do que aconteceu a seguir:

Eu respondi: "Você pode, mas não gostará do que eu lhe direi em relação à saída".

"Qual é a saída?"

Respondi: "Perdoar. Essa é a saída".

O homem ficou muito aborrecido e gritou: "De jeito nenhum! Eles mataram minha família!".

Eu realmente senti seu horror e seu sofrimento. Era uma experiência como eu nunca havia tido. Senti enorme compaixão, mas mesmo assim eu precisava lidar com seu pedido de liberdade. "Eu lhe disse que você não gostaria da solução. Mas veja o que essa raiva e esse ressentimento estão lhe custando. Você convive com isso todos os dias. Não estou dizendo o que você deve fazer. Estou apenas respondendo a sua questão de como sair do campo de concentração. Você é obviamente livre para fazer o que for melhor para sua vida.

"Se você conseguir encontrar o perdão para o que lhe aconteceu — e reconheço que o que aconteceu foi horrível, brutal, sem sentido, uma loucura — aí então você estará livre."

Continuei: "Eu não disse 'fechar os olhos' para o que aconteceu. Não há como esquecer o que passou. Eu disse 'perdoar'. Perdoar é abandonar o ressentimento. Pode ser um suspiro de liberdade".

O homem sentou-se, cruzou seus braços e não disse mais nenhuma palavra durante os três dias do programa.

No último dia, ele caminhou em minha direção com uma energia radiante e resplandecente.

Seu testemunho foi: "Meditei no que me disse esta semana. Pensei naqueles dias no campo de concentração e em todas as pessoas envolvidas. Também olhei para minha vida e para a armadilha em que havia me metido. Cheguei à conclusão de que, se eu conseguisse sair dessa armadilha, valeria a pena rever meus pontos de vista, minhas certezas sobre como as coisas são. Percebi que poderia, de forma autêntica, criar outra interpretação sobre as pessoas daquela época. Eu podia ver que aqueles que me haviam prendido estavam tão perdidos, dominados e temerosos como nós, com a diferença de que eles tinham armas".

"Isso não os desculpa. Mas não valia a pena permanecer como a vítima deles 30 anos depois. Isso não me trazia nenhuma satisfação. Eu os perdoei. Deixei-os lidar com seus próprios demônios. Não quero viver minha vida no espaço da culpa e ressentimento."

Em pouco tempo, esse homem criou e resolveu uma crise que redirecionou sua vida, de um futuro automático para algo diferente. Se ele conseguiu fazer isso com tudo o que sofreu, concluo que qualquer pessoa pode fazê-lo.

Para criar sua crise, você precisa enxergar onde você está preso. A seguir algumas perguntas podem ajudá-lo a criar uma crise de identidade cuja única saída é a transformação:

- Onde em sua vida há algo que não está funcionando ou não funciona tão bem quanto você quer?
- Em quais áreas de sua vida você sente perda de poder, liberdade, realização ou autoexpressão?

Considere que onde você experimenta perda de qualidade em sua vida, há algo de inautêntico em jogo. De forma direta, há algo sobre o que você finge, evita ou foge. Ou você tomou uma decisão que o tornou correto e justifica seus atos. Ao fazer isso, você abandona seu poder, liberdade e autoexpressão. Escondemos dos outros e até de nós mesmos esse jogo que fazemos. Esse autoengano está no centro da armadilha.

1. Nessas áreas da vida que você acabou de identificar, como você está sendo inautêntico — o que você está fingindo, evitando ou ignorando?

2. Quais seriam os impactos e as limitações de não ser autêntico nessas áreas?

A razão de ser da sentença perpétua é produzir resultados pela correção do que há de errado com você. Mas ela esconde dos outros e até de você mesmo quem você tem medo de ser. Ela o coloca numa situação em que você finge ser diferente de quem você teme ser. Ela até mesmo consegue fazer você fingir que não está fingindo. Essa é a crise que você deve enfrentar.

A saída para a armadilha está em criar uma crise *por estar preso na armadilha*. Tolerar qualquer perda de liberdade, poder, alegria e autoexpressão é inaceitável.

Para resolver a crise, você deve abandonar algo.

O que você precisa abandonar?

No livro *Fox on the Rhine* [Raposa no Reno], Douglas Niles e Michael Dobson[3] nos contam uma história sobre Mark Twain:

---

[3] Niles Douglas e Dobson Michael. *Fox on the Rhine* [Raposa no Reno]. Nova York: Macmillan, 1995, p. 312.

Parece que Mark Twain pegou pneumonia. Quando o médico o visitou, viu que Mark Twain fumava um charuto. O médico perguntou: "Quantos desses você fuma por dia?". Twain disse: "Algo como uma dúzia". E o médico continuou: "Vejo uma garrafa de uísque. Quanto uísque você bebe por dia?". Twain respondeu: "Bebo moderadamente, algo como uma garrafa por dia". O médico retrucou: "Se deixar temporariamente de fumar e beber, você se recuperará rapidamente". Twain seguiu a recomendação do médico e ficou bom. Mais tarde, uma mulher que ele conhecia pegou pneumonia e Mark Twain disse que ela melhoraria se temporariamente parasse de beber uísque e de fumar charutos. Ela respondeu: "Não bebo uísque e não fumo charutos".

E sabe o que aconteceu? Ela morreu.

A conclusão a que Mark Twain chegou foi que sua amiga morreu porque não tinha nada para abandonar.

Cada sentença perpétua carrega um benefício. Caso contrário, ela não teria a força que tem. Como o chefe cherokee disse, o lobo "diabólico" permanece vivo porque você continua alimentando-o. Considere que alimentamos somente aquilo que valorizamos.

O que é preciso abandonar é a certeza que você obtém com a sentença perpétua. A sentença perpétua dá a você uma forma segura de lidar com o risco que a vida proporciona. Pode limitar a qualidade de vida, mas ao menos parece funcionar.

Considere a história de Eraldo Tinoco do Brasil:

Eu tinha 16 anos e vivia numa vizinhança em que algumas famílias possuíam muito dinheiro e outras não. A minha não tinha dinheiro. Na realidade, minha família era uma das mais pobres.

Tive de começar a trabalhar cedo entregando telegramas. Para fazer isso, eu precisava usar um uniforme com um boné, e todas as vezes que eu saía do escritório precisava estar usando-o. Tinha a sensação de que todos na vizinhança olhavam para mim.

Um dia, entreguei um telegrama a uma senhora, que me perguntou onde ela poderia comprar um boné igual, para que sua filha usasse como fantasia no carnaval.

Dei o chapéu para aquela senhora, dizendo que o buscaria mais tarde.

Naquele momento, eu me senti exposto, sozinho, isolado e diferente das pessoas de minha idade. Decidi me tornar uma pessoa respeitável — alguém que trabalhasse duro pelos pobres.

E nunca voltei para pegar o boné.

Durante toda a sua carreira, Tinoco trabalhou duro, fez doutorado, entrou para a política, tornou-se secretário da Educação e, mais tarde, vice-governador do estado da Bahia. Mas a sentença perpétua que ele se impôs tinha um preço. Desejando nunca estar sozinho ou ser diferente, ele tomava somente decisões seguras. Vivia com medo de ser descoberto como uma pessoa que era diferente, só e isolada.

Em 2001, Tinoco contou a história para as pessoas com quem trabalhava, até mesmo a parte sobre o boné. Ele decidiu abandonar sua sentença perpétua e modelar sua vida ao redor da qualidade de educação para todos, independentemente do risco ou de quanto precisaria agir sozinho — ao menos no começo.

Nos anos que se seguiram até sua morte em 2008, Tinoco iniciou uma série de projetos que demandavam sua liderança pessoal. Fez isso sem a ansiedade e a "segurança" que eram parte de sua sentença perpétua. Hoje, ele é conhecido por institucionalizar a certificação nas escolas na Bahia, garantindo maior qualidade de educação para todos.

Quando ele nos contou sua história pouco tempo antes de morrer, complementou: "Uma das pessoas que ouviu minha história foi a uma loja e me comprou um boné. Ela costurou o nome do projeto que eu estava liderando. Hoje tenho esse boné e gosto muito dele".

Para experimentar o tipo de transformação que estamos descrevendo aqui — passar por cima de seu futuro escrito e escrever um novo —, há ainda um assunto que precisa ser discutido: O que você está disposto a abandonar? Tinoco precisou abandonar sua segurança e seu medo de se arriscar. Pearson precisou deixar de ter sempre uma saída. Dave precisou abandonar o medo de não ter nada a dizer. Steve precisou abandonar o medo de dizer algo estúpido.

Levando para casa

Um resultado para pessoas e organizações ao usar aplicações derivadas das Três Leis do Desempenho é uma melhora na qualidade de vida para os empregados e para as comunidades no entorno. Uma história ilustra este ponto.

Quando a Magma Copper adquiriu a mina de cobre peruana Tintaya, sua operação era um campo fortificado com guardas privados carregando metralhadoras AK-47. Ao lado da mina, estavam as mulheres e crianças dos trabalhadores.

O número de drogados e a taxa de abuso doméstico eram tão elevados que uma população com 4 mil pessoas precisava de um hospital com três médicos e cinco enfermeiras com dedicação integral. Após dois anos aplicando novos processos derivados das Três Leis, o uso de drogas e o abuso doméstico haviam diminuído 90%, exigindo então apenas um médico e duas enfermeiras no hospital.

A mudança de comportamento dos trabalhadores foi tão dramática que um grupo de mulheres requisitou uma "reunião do povoado" para que pudessem entender o que estava acontecendo com os maridos. A primeira reunião deu-se numa sala de cinema. Oitocentos empregados, esposas e crianças estiveram presentes. Cachorros corriam ao redor buscando restos de doces que estavam no chão.

O presidente da mina, Lee Browne, juntamente com os presidentes dos sindicatos locais, começou a reunião, mas logo foi interrompido por uma mulher que queria falar. Ela disse: "O que vocês fizeram com meu marido?". Antes que qualquer pessoa pudesse responder, ela continuou: "Ele chegou ontem à noite em casa e levou o lixo para fora. Ele nunca fez isso antes". Ela parou e sorriu. "Na verdade não me importo com o que fizeram com ele — quero que vocês façam isso comigo".

Tantas pessoas fizeram o mesmo pedido que a empresa patrocinou um programa para não empregados, incluindo esposas e adolescentes.

O ponto é que as aplicações das Três Leis do Desempenho podem levar as empresas a um nível que parece impossível ser alcançado. Da mesma forma, pode levar a vida das pessoas a um nível que muitos não julgavam possível.

Quem lhe dá o direito?

Durante o projeto da Reebok no Japão, Steve reparou que algo estava estranho. Ele conta a história:

> À medida que nos aproximávamos do término do programa inicial, criamos um ambiente de conversas no qual os empregados da Reebok podiam criar um novo Terceiro Ato para seu trabalho. Distinguimos a natureza da linguagem baseada no futuro e o poder das declarações, compromissos e promessas.
>
> Convidei as pessoas a escrever seus compromissos e promessas como líderes do futuro da Reebok no Japão. À medida que as pessoas escreviam, algumas levantaram a mão e perguntaram, usando o tradutor, se poderiam compartilhar o que estavam escrevendo. Fiquei surpreso com o tempo que cada um levava para fazer um compromisso ou uma promessa.
>
> Perguntei à Ueda-san, minha tradutora: "Por que em inglês declarar um compromisso é tão breve e sua tradução no japonês é tão longa?".
>
> Ela disse: "Não temos realmente uma forma simples de falar numa linguagem baseada no futuro em japonês".
>
> Para mim isso não fazia sentido. Pensei: Como uma sociedade com o sucesso dos japoneses não tinha uma forma de fazer declarações, compromissos e promessas? Pedi a Ueda-san que me traduzisse literalmente o que as pessoas estavam dizendo, palavra a palavra.
>
> Quando a próxima pessoa falou, ela traduziu: "De agora até o futuro, eu gostaria muito de ser proativo na comunicação com meus colegas de trabalho".

Esta era a expressão de uma vontade, uma esperança, algo a ser desejado, uma maneira de se transformar. A pessoa não declarava: "Esta é a maneira de ser porque estou dizendo isso".

No que talvez tenha sido uma ideia gerada em conjunto com o desespero, perguntei: "Quem aqui fala para as pessoas que uma coisa é porque ela assim o diz?".

As pessoas iluminaram-se. Uma pessoa falou alto: "O xógum, claro. Se ele diz 'É um bom dia para morrer', assim o é".

Entendi. Na cultura japonesa, o direito de chamar as coisas pelo que são estava relegado à autoridade, o xógum, o chefe. Aquela pessoa tinha autoridade e, portanto, o poder de fazer declarações.

Eu disse: "Nesta parte do programa, vocês precisam usar a linguagem do xógum. Vocês querem ser o xógum de sua própria vida?".

Imediatamente uma pessoa se levantou e disse: "Aqui eu declaro que sou alguém que comunica novas possibilidades". Sua expressão foi curta, focada e poderosa. Ele falou com compromisso.

Essa alteração de poder espalhou-se pelos participantes. Um depois do outro falou de uma nova forma: curta, poderosa, declarativa.

Ter o direito de declarar não é somente uma questão da sociedade japonesa. Atua em outras culturas de diferentes formas. A pergunta-chave é: Quem é você para fazer declarações sobre o futuro? Quem lhe dá esse direito?

No final, você precisa querer tornar-se o xógum de sua própria vida. Se não fizer isso, você está dando esse poder para os outros e para as circunstâncias.

Vamos voltar ao momento de sua sentença, aquele em que você experimentou que havia *algo errado aqui*. Perceberá que você, e não os outros, definiu quem você é. O poder está no que você *disse* sobre o que aconteceu, e não sobre o que aconteceu de fato. Nesse reexame de sua maneira de ser e de sua vida, você pode usar o mesmo poder da linguagem que usou quando criança para criar uma nova pessoa, sem as limitações do passado. Como um adulto que não está procurando sobreviver, mas alguém que está inventando sua vida, você pode ser guiado pela sabedoria.

Enquanto estávamos no Japão para atualizar nossas pesquisas, encontramos alguns dos executivos do Polus Group. Dave nos conta a história do que aconteceu:

> *O homem disse: "No início de minha vida, decidi que seria eu quem tomaria as decisões, pois eu só podia contar comigo mesmo. Isso não funcionou bem quando me casei". Ele riu.*
>
> *"Recentemente comprei uma casa e não deixava minha esposa decidir sobre nada. Era muito estressante para ela, que passaria lá a maior parte do tempo, enquanto eu estivesse no trabalho. Lembrei o trabalho que Steve fez conosco. Declarei, como o xógum, que eu era alguém que ouvia. Então ouvi, e isso foi difícil pois era como se houvesse uma batalha dentro de mim entre a pessoa que decidia e aquela que eu me comprometi a ouvir.*
>
> *"No final, eu ouvi", ele riu, "e minha esposa tornou-se uma mulher melhor!".*
>
> *Steve disse: "Acho que você está dizendo que ouviu, e somente por ouvir, sua esposa se apresentou a você de uma nova maneira".*
>
> *Ele acrescentou: "Sim, ela se apresentou como uma parceira".*
>
> *Steve disse: "Eu aposto que você também se experimentou de uma forma diferente".*
>
> *O executivo sênior japonês que raramente demonstrava emoções parou, limpou uma lágrima e disse numa profunda concordância: "Sim".*
>
> *Enquanto eu era o administrador na University of South California, representei a universidade em várias negociações com empresas e governo japoneses. Eu nunca havia visto aquela autêntica vulnerabilidade, ou aquele nível de respeito, demonstrado a alguém que não fosse japonês. Ao ver aquela interação e ouvir sua versão em inglês por nossa tradutora, senti-me tocado por nossa humanidade em comum.*

Quando alteramos a maneira como ocorremos a nós mesmos, tudo a nosso redor se altera. Nossos sócios no negócio, nossa família, até a vida aparece de uma nova maneira. Com esse novo fundamento, qualquer coisa é possível — até um futuro novo.

7

O caminho para a maestria

Jacques Derrida[1] escreveu: "Se as coisas fossem simples, todos saberíamos". Há várias razões pelas quais os ganhos em desempenho permanecem difíceis de ser alcançados e mantidos, apesar das boas intenções de pessoas muito inteligentes. Uma das razões é que nossa cultura busca respostas simples, soluções compreensíveis, passos, dicas e técnicas. Esse desejo é ilustrado quando alguém pergunta em um de nossos programas: "Como posso colocar isso em prática amanhã?".

Levando essa ilustração ao absurdo: imagine que estudantes de medicina levantassem a seguinte questão, especialmente aqueles que buscam uma especialidade complexa como a neurocirurgia: "Então passamos essa hora aprendendo sobre a alimentação do sangue no cérebro e coluna. Como podemos usar isso com os pacientes a partir de amanhã?".

Uma disciplina requer um trabalho significativo antes de se tornar útil — sendo dois exemplos a cirurgia do cérebro e a melhoria do desempenho. De fato, quanto mais trabalho for necessário, maior o prêmio para aqueles que quiserem fazer o investimento.

Este capítulo é sobre tornar-se um mestre nas Três Leis, que quer dizer ser capaz de alcançar níveis de desempenho em sua vida

---

[1] Jacques Derrida, filósofo francês autor da teoria da "desconstrução", que lhe deu fama no mundo todo, foi precursor de uma sólida reflexão crítica sobre a filosofia e o ensino dessa matéria (N.T.).

e nos negócios que ocorrem como impossíveis para a maioria das pessoas.

Ser um mestre de qualquer disciplina ou arte interessa àqueles que desejam ir além da simples competência para uma posição de poder, liberdade, paz de espírito e plena autoexpressão. Considere que mestres em diferentes campos podem fazer o que o restante de nós não pode, e pense como essa experiência ocorre para eles.

Um grande mestre no xadrez tem o poder, a liberdade e a paz de espírito para jogar 50 jogos simultaneamente. Ele coloca-se diante de um jogo, analisa o tabuleiro, e o movimento vencedor é óbvio para ele. Ele move a peça e segue para o próximo jogo. Depois de uma hora, ele não somente ganhou os 50 jogos, mas também curtiu sua proeza.

Richard Feynman era um mestre da física. Muito antes de ganhar o Prêmio Nobel de 1965 por seu trabalho em eletrodinâmica quântica, ele fora um membro júnior do Projeto Manhattan. Feynman foi procurado por Niels Bohr, talvez uma das maiores mentes sobre física naquele projeto, para ter uma conversa particular sobre a natureza teórica do trabalho em grupo. Por que Niels Bohr escolheu um membro júnior? Porque Feynman era um mestre em formação em física — e Bohr reconhecia a maestria de Feynman florescendo. A maioria dos físicos respeitava demais Bohr para discutir com ele. Feynman disse que sentia o mesmo respeito por Bohr que todos os demais, mas não se sentia inibido em discutir qualquer coisa que considerasse falha em seu raciocínio. Os outros físicos pisavam em ovos ao conversar com ele — evidenciando suas incertezas. Feynman, como um mestre, era capaz de dançar.

Quando um mestre sobe no palco, as pessoas param o que estão fazendo para olhar. Elas sabem que poderá acontecer algo que será comentado por anos. Mestres como Tiger Woods, Garry Kasparov ou Yo-Yo Ma fazem o que parece ser impossível, embora mestres em seus campos de atuação não se surpreendam com seu desempenho. Para eles, é uma autoexpressão.

O fator X na maestria

A explicação simples do que torna alguém um mestre numa disciplina ou arte é que ele ou ela nasceu com um "talento natural". Jogadores de basquete são altos, jogadores de xadrez são inteligentes e corredores são rápidos — e são assim desde crianças. Mas, se o caminho para se tornar um mestre em relação a um assunto se restringe a alguns atributos mentais e físicos, por que não há mais pessoas que joguem golfe como Tiger, se aventurem no xadrez como Kasparov, toquem violoncelo como Yo-Yo Ma ou entendam física como Feynman? E por que existem os contraexemplos de pessoas extraordinárias que parecem comuns ou até deficientes? Uma vez que a evidência de que nascer com talento não explica a maestria, considere que Winston Churchill era um mestre em oratória apesar de gaguejar desde a infância e sofrer de depressão, que chamava de "cachorro negro". Helen Keller, conhecida por seus textos e discursos, perdeu a visão e a audição quando criança.

Várias pessoas nascidas com vantagens, mesmo aquelas que praticaram seriamente suas disciplinas, não alcançaram sua grandeza potencial. O que pode explicar o elevado desempenho de uns e a falta de maestria de outros? Mais importante: como você poderia usar qualquer que fosse esse fator X para levar seu desempenho a um novo nível?

Asseguramos que o fator X é a maneira como as situações ocorrem para os mestres em seu campo de atuação. A maneira como as situações ocorrem para um mestre torna seu desempenho de mestre possível, confiável e consistentemente superior ao de outras pessoas. Esse mesmo princípio nos permite ver o que nos levará a alcançar a maestria nas Três Leis do Desempenho.

Para ter uma amostra da experiência de ser um mestre, observe que cada um dos mestres citados pensava *com base* nos princípios de seus campos de atuação. Isso é bem diferente de pensar *sobre* os princípios. Richard Feynman pensava *com base* nos princípios da física, assim as coisas ocorriam a ele como possíveis enquanto para os outros eram difíceis, complexas ou impossíveis. O compromisso de Feynman de atuar na origem de qualquer assunto pode ser ilustrado pela seguinte história: ele estava de férias quando adolescente e havia esquecido seu livro de referência de geometria, que dava as provas dos teoremas. Iniciando pelos axiomas básicos, dos quais se lembrava, ele passou a provar os teoremas por conta própria. Quando voltou para casa, verificou que muitas de suas provas eram na verdade melhores que as que estavam no livro que ele havia esquecido. Assim, Feynman levou essa forma de atuar para seu trabalho na física. Até sua morte, ele podia criar todas as principais leis da física a partir de seus axiomas básicos, e essa maneira de pensar deu-lhe uma vantagem de desempenho. Uma vez ele reclamou que seus alunos na CalTech não conseguiam pensar a física da maneira que ele fazia. Eles não tinham suas ideias e intuições. Pensavam *sobre* as leis da física, não *com base* nelas. Em sua lousa na CalTech, escrita pouco tempo antes de morrer, havia a frase: "O que não posso criar, eu não entendo".

A essência de tornar-se um mestre em qualquer disciplina ou conjunto de novas ideias é lidar com essas novas ideias sem preconceitos, vendo-as pelo que são por si sós e a seguir criar com base nelas. Como um exemplo do poder de ver as coisas pelo que são, considere a descrição de Wilbur Smith em seu livro *River God* [Rio Deus] sobre um estudioso do Egito antigo que vê a roda pela primeira vez — no exército que os atacava com carroças:

> *O veículo líder ... movia-se sobre discos que giravam, e fiquei olhando e pensando. Nos primeiros instantes, eu estava tão atordoado que minha mente não conseguia absorver o que via. A princípio, meu primeiro pensamento foi que a carroça só se movia em função dos cavalos que a conduziam. Havia uma longa parelha entre eles enquanto galopavam, conectada ao que aprendi depois ser um eixo. ...*
>
> *Consegui ver tudo isso num piscar de olhos e a seguir toda a minha atenção se voltou para aqueles discos que giravam e faziam a carroça navegar tão suave e velozmente sobre o terreno irregular. Por mais de mil anos, nós, egípcios, fomos os seres humanos mais cultos e civilizados. Nas ciências e religiões ultrapassamos muito todas as demais nações. Entretanto, em todo nosso*

aprendizado e sabedoria, não havíamos concebido algo como aquilo. Nossos trenós andavam sobre a terra em canaletas de madeira que dissipavam a força dos bois que os puxavam, ou arrastávamos grandes blocos de pedra sobre roletes de madeira sem desenvolver o próximo passo lógico. Eu olhei para a primeira roda que vi em minha vida, e sua simplicidade e beleza explodiram como um raio sobre minha cabeça. Eu a entendi instantaneamente, e desprezava-me por não tê-la descoberto por minha própria conta. Era uma genialidade do mais alto nível e agora me dei conta de que estávamos prestes a ser destruídos por aquela maravilhosa invenção.[2]

No momento em que o sábio compreendeu a roda a sua maneira — viu a situação em termos do princípio do movimento circular —, tornou-se capaz de criar uma.

O restante deste capítulo divide-se em duas partes. Na primeira, examinaremos o que você pode esperar ao seguir o caminho da maestria das Três Leis, a começar pelo fato de que não existem passos, dicas ou regras durante o caminho. Assim como, ao seguir por um caminho, você precisará ter certeza de que não está saindo da rota, e, como em qualquer caminho, existem marcos a serem vencidos.

Na segunda parte, mergulharemos em algumas questões que foram desenhadas para levar você à plena compreensão das Três Leis do Desempenho. À medida que você lidar com essas questões, sua jornada se iniciará, e você perceberá que está evoluindo ao passar pelos marcos que discutiremos na primeira parte.

Além de ultrapassar os marcos, há outro importante sinal de progresso: sua habilidade em impactar o desempenho se elevará a um novo nível. Como a seção sobre esses marcos explicará, essa melhora nas habilidades é sutil. Você se verá fazendo coisas que antes pareciam impossíveis. Você não precisará se lembrar de fazer essas ações; você simplesmente as fará fazendo. É como se uma nova habilidade que você não tinha antes tomasse conta de tudo.

---

[2] Smith, Wilbur. *River God: A Novel of Ancient Egypt* [Rio Deus: um romance do Egito antigo]. Nova York: Macmillan, 2002, p. 379.

Por que não existem passos para a maestria?

Ser um mestre nas Três Leis é como aprender francês. Você começa traduzindo cada palavra para o português. É lento e chato.

A maneira adequada de realmente aprender uma língua é fazer uma imersão — mudar-se para Paris. Pedaço a pedaço, as coisas começam a fazer sentido. Com o tempo, as palavras e frases começam a dizer algo. Você começa a pedir comida em francês e de fato consegue o que pediu. Começa a pensar em francês e até a sonhar em francês. Você vê as coisas sob outra perspectiva. Como os linguistas indicam, há frases, pensamentos e ideias que somente podem ser ditas em um idioma. Um dos benefícios de aprender uma nova língua é poder pensar e descrever pensamentos que antes eram impossíveis.

Essa analogia nos dá mais algumas ideias. Embora a imersão em francês não seja linear, há marcos-chave pelos quais você deve passar à medida que se torna fluente.

Vamos agora ao primeiro marco no caminho da maestria das Três Leis: reconhecer que essas leis são uma forma contraintuitiva de compreender as situações.

1º marco: ver sua "tela terminística" em ação

Antes de experimentar este primeiro marco no caminho para a maestria, precisamos fazer um pequeno trabalho de base.

A forma de uma pessoa enxergar uma situação é filtrada por aquilo que o estudioso Kenneth Burke chamou de "tela terminística". Essa tela é feita com a linguagem — palavras, termos, frases e suas inter-relações. Essa tela direciona nossa atenção para os diferentes aspectos da realidade[3]. Não vemos o mundo nem vemos a tela terminística. Em seu lugar, vemos o que a tela nos permite ver.

---

[3] Burke, Kenneth. *Language as Symbolic Action: Essays of Life, Literature and Method* [Linguagem como ação simbólica: ensaios de vida, literatura e método]. Berkeley: University of California Press, 1968, pp. 114 a 125. Nota: Estamos tomando algumas liberdades em relação às ideias de Burke, combinando-as com aspectos da ciência do cérebro, em especial do livro de Jeff Hawkins e Sandra Blakeslee, *On*

É como ver o mundo através de lentes de contato. Depois de nos ajustar à novidade, não prestamos mais atenção em como ela modifica nossa visão, e não paramos para pensar sobre como seriam os objetos que estamos vendo na realidade sem essas lentes. O que existe é o mundo e as lentes fundidas numa única imagem. O mesmo acontece com uma tela de termos. Não vemos o mundo. Vemos o mundo através da tela. E, como no caso das lentes de contato, esquecemos que a tela está lá.

Para ver uma tela terminística em ação, imagine como um médico vê um paciente. Ele vê a doença, o histórico do paciente, possíveis diagnósticos, causas para aqueles sintomas e as potenciais formas de tratamento. Ele está olhando o paciente sob o vocabulário e os princípios da medicina, intuindo sobre as condições do paciente e chegando a um diagnóstico.

Observe que o médico não precisa pensar em sua tela terminística. Ela simplesmente está lá, fazendo seu trabalho de forma invisível, como as lentes de contato. Como resultado da tela, as conclusões e ações parecem óbvias.

Pense em como um negócio ocorre para uma pessoa com mestrado em negócios (MBA). Ela vê lucros e perdas, despesas, remuneração, posicionamento de mercado, estratégia e estrutura organizacional. Esses fatores são tão óbvios que ela *não* pode deixar de vê-los.

Dave leciona no programa de mestrado para médicos na Marshall School of Business. Veja sua descrição sobre como ele ensina aos médicos a tela terminística nos negócios:

Em primeiro lugar, os médicos escutam as palavras que reconhecem: lucro, caixa, operações *e* liderança. *Todos nós conhecemos essas palavras e*

Intelligence [Sobre a inteligência], Nova York: Macmillan, 2005; e com a psicologia cognitiva. Parte do que escrevemos aqui foi retirado do Apêndice B do livro de Logan, King e Fischer-Wright, *Tribal Leadership* [Liderança tribal], e de três textos de Dave Logan e Habe Fischer-Wright citados no livro e que estão na Society Science Research Network.

pensamos saber o que significam. Mas, na escola de negócios, usamos essas palavras com precisão, e normalmente elas não significam o que parecem significar para um leigo. Os médicos — todos inteligentes e pessoas de sucesso — aprendem mais e mais termos em maratonas que levam de 8 a 12 horas por dia. Os médicos normalmente ficam estressados, tendo de levantar e tomar café, ou ficar de pé e se alongar. O que acontece por trás da cena em sua mente é que estamos esticando suas telas terminísticas até um ponto de ruptura. Adicionamos termos que não se encaixam com o que eles já conhecem. O estresse acontece porque eles compreendem novos termos por meio de um crescente e complexo conjunto de conexões com termos antigos, resultando em frustração e na impressão de uma desorganização mental.

O momento mágico vem de diferentes pontos por diferentes pessoas, mas acontece normalmente quando falamos de liderança.

Liderança é como inventar algo radicalmente novo, em sintonia com quem o implementa, e não pode ser aplicada por uma fórmula, uma sequência de passos ou uma lista. Os médicos ficam cada vez mais desconfortáveis — suas telas terminísticas, como médicos, é repleta de fórmulas, passos e listas de verificação. Então, se a liderança não envolve essas coisas, o que envolve então? Parece uma música fora de tom. É literalmente um pensamento que eles não podem processar porque não se relaciona a nada que eles conhecem como médicos.

Há um momento de "aha!", quando um clique acontece, e eles passam a pedir novos termos. Esse momento é dinâmico e transformativo. É como se eles colocassem novas lentes de contato, compreendendo novos termos em relação a outros novos termos. Logo passam a falar uma nova linguagem de liderança tão bem quanto sua linguagem de medicina, e sabem quando devem usar a tela apropriada. Olham para a frustração de dias anteriores e dão risadas. No outro lado do "aha!", tudo parece simples e óbvio.

Essa luta implica mais que novas palavras sendo usadas de novas formas. Quando a tela é substituída por outra, a mesma situação parece completamente diferente. Como Kenneth Burke escreveu: "Uma forma de ver é também uma forma de não ver". Quando substituímos uma tela terminística por outra, podemos ver coisas que não conseguíamos enxergar antes, e nossas ações se correlacionam. Se alteramos as telas, a forma pela qual o mundo ocorre a nós é igualmente alterada. É uma verdadeira transformação. Situações antigas ocorrem de forma nova.

Dave frequentemente conversa com os futuros estudantes de MBA. Veja sua descrição dessa conversa:

> *As pessoas normalmente me perguntam: "O que aprenderei no programa de MBA?". Parte da resposta é o que as pessoas querem ouvir. Você aprenderá ferramentas: contabilidade, finanças, operações, gestão e assim por diante. Mas você pode aprender essas ferramentas num livro ou pelos vídeos na internet. Mais, você pode contratar pessoas que possuem essas ferramentas. O real valor do MBA não são as ferramentas, mas o fato de você sair do programa vendo o mundo como um líder e como um gestor generalista.*
>
> *O que penso, mas não digo para os futuros alunos, é que fazemos o máximo para impactar a tela terminística de líder de negócios de cada graduado. Eles não precisarão se lembrar de usar a tela terminística; ela estará lá. Através da tela terminística eles verão oportunidades onde outros enxergarão apenas caos. Verão falhas nos sistemas e soluções potenciais onde outros somente reclamam que as coisas não estão funcionando. Como eles verão o mundo através de uma tela terminística que outros não possuem, farão coisas que outros não fazem, ou não podem nem imaginar fazer.*

Como não podemos ver nossa tela terminística — da mesma forma que não podemos ver as lentes de contato que estão em nossos olhos — não tomamos conhecimento de seu mecanismo em ação.

Os estudantes de MBA normalmente não conseguem explicar por que seu programa foi tão valioso; somente conseguem dizer que realmente foi. Ao voltar para o hospital, o médico não pode explicar o momento "aha!" de uma forma que faça os outros compreendê-lo. Ele pode somente descrevê-lo e, quando o fizer, parecerá trivial para quem não o tiver experimentado por si só. Tente explicar a uma criança como andar de bicicleta. Seus conselhos cairão em ouvidos surdos e certamente não levarão a criança a andar de bicicleta. Mas, depois que "cair a ficha" e ela passar a andar de bicicleta, poderá dizer: "Agora entendi o que você me dizia!".

O caminho para a maestria das Três Leis é a construção de uma nova tela terminística em torno de novas distinções essenciais. Para fazê-lo, é útil ver como uma tela terminística funciona, de modo que possamos reconhecê-la quando estivermos compreendendo as Três Leis nos termos que já dominamos.

Nessa tela, cada termo encaixa-se aos demais a seu redor como os tijolos de uma parede. Como os tijolos que não se encaixam perfeitamente na parede, um termo aqui ou lá poderá não se encaixar perfeitamente, mas é ao menos possível colocá-lo junto aos outros termos que lá estão. Quando algo novo nos é apresentado — como uma nova palavra num idioma que não dominamos, ou uma ideia num campo que não aprendemos — imediatamente procuramos encontrar uma forma de conectá-lo aos termos que já conhecemos. Assim podemos provavelmente dizer: "Ah, isso é como..." ou "Bem, realmente isso não é diferente de...". Alguém que esteja aprendendo francês poderá algumas vezes tropeçar em expressões idiomáticas, considerando-as difíceis de lembrar, porque elas não podem ser traduzidas literalmente. A primeira tentativa é encaixar o mais rápido possível as palavras em francês dentro da tela terminística em português. Durante esse processo, as palavras em francês se conectam a termos em português. O resultado é semelhante a um médico aprendendo negócios. Isso gera estresse, é mentalmente exaustivo e requer muito esforço.

Dessa perspectiva, o processo de aprender algo novo pode ser visto como encaixar o que é novo ao que sabemos. Quando aprendemos dessa maneira, nossa tela terminística continua crescendo, mas sempre de uma forma autoconsistente. Esse método de aprendizagem funciona bem quando nossa tela terminística nos fornece uma fundação compatível com o que estamos aprendendo.

Mas, se desejarmos aprender algo radicalmente novo, em algum ponto enfrentaremos o fato de que o processo normal de aprendizagem não nos será útil. Até chegar a esse ponto, normalmente fazemos ajustes nas novas ideias encaixando-as em nossa tela. Podemos dizer: "Entendi que esta ideia é muito parecida com x, y e z..." ou "Esta ideia é a consequência de x e y" ou "Esta ideia é diferente de x, mas não de z...". O resultado é uma alteração das novas ideias para torná-las consistentes com os termos existentes. Apesar de esse processo tornar o aprendizado mais fácil, ele reduz dramaticamente o potencial de impacto de novas ideias. Quando você quiser obter o pleno impacto de novas ideias, deve construir uma nova tela terminística.

Essa conquista é o primeiro marco: o ponto no qual permitimos que uma nova tela seja construída ao rejeitarmos a necessidade de encaixar novos termos em nossas telas existentes. Ou ajustamos uma nova ideia para que ela se encaixe naquilo que conhecemos, ou rejeitamos a nova ideia pelo fato de ser inconsistente com nossa tela. Não há nada de errado em fazer isso — é o que acontece até chegarmos ao segundo marco: toda vez que nos pegarmos fazendo isso, podemos nos comprometer novamente a aprender o novo material em seus próprios termos — o que nos levará mais rapidamente ao segundo marco.

2º marco: construindo uma nova tela terminística

Uma ideia nos traz uma perspectiva realmente nova, abre-nos um território não mapeado, da mesma maneira que a roda fez com o estudioso no Egito antigo. Se ele tivesse conectado a roda a algo já conhecido — blocos usados para construir as pirâmides e suportes usados para transportar os materiais —, não conseguiria entendê-la. O mais próximo que podemos dizer sobre isso em português é *sacar*, como em "saquei a piada". Se você precisar que alguém explique a piada, ela não será engraçada e certamente você não a terá "sacado".

Robert Heinlein encontrou essa limitação na linguagem quando escreveu o livro *Stranger in a Strange Land* [Um estranho numa terra estranha]. Ele inventou o verbo *grok*, que quer dizer "pegar, apreender ou captar completamente alguma coisa". O que se passa nesse caso é que a pessoa vê o mundo através da lente da nova ideia.

Para compreender a necessidade de construir uma nova tela terminística, pense em como a Terra parecia para as pessoas mil anos atrás: no centro do Universo, com o Sol, a Lua e as estrelas movendo-se a seu redor. O Sol nasce no leste, cruza os céus e se põe no oeste. Sol nascente e poente são termos criados em nossa linguagem como expressões taquigrafadas de nossas observações. É senso comum; você pode observá-lo. Se você subir uma montanha alta até um ponto em que a visão do Sol não é obstruída, verá que de manhã o Sol se "levanta" e no final da tarde ele se "põe". A tela terminística nesse assunto é consistente e nos leva a essa conclusão. Galileu, na tradição de Copérnico, lutou por uma nova ideia radical, que não se encaixava na tela terminística da época — de que era a Terra, e não o Sol, que fazia o movimento. As pessoas reagiram de forma violenta a sua teoria, que para elas estava claramente errada. Alguns até compreenderam a ciência por trás da teoria, mas ainda não podiam aceitar viver numa esfera que se movia. Eles entenderam, mas não *grokaram*. Observe como essas ideias são inicialmente recebidas. Galileu foi chamado para uma conversinha com as autoridades, que não terminou bem.

Então por que é tão fácil para nós "ver" a Terra movendo-se ao redor do Sol, como no Universo que Galileu viu? Porque aprendemos uma tela terminística com essas ideias. Porque em nossa tela não temos problemas para imaginar asteroides, outros planetas, viagens espaciais e vida em Marte. Todos esses pensamentos eram impossíveis na antiga tela terminística.

No seu livro *On Intelligence* [Sobre a inteligência], Jeff Hawkins e Sandra Blakeslee mostram o poder de construir uma nova tela terminística no lugar de forçar novas ideias sobre um modelo antigo, ao descrever como Albert Einstein lidou com a Teoria da Relatividade:

> *De acordo com alguns rumores, Albert Einstein disse uma vez que a concepção da Teoria da Relatividade Especial foi direta, quase fácil. Seguiu de forma natural uma única observação: que a velocidade da luz é constante*

para todos os observadores, mesmo que estes estejam se movendo em diferentes velocidades. Isso é contraintuitivo. ... Ele metodicamente pensou sobre todas as implicações de uma velocidade da luz constante e foi levado a previsões até mais bizarras da relatividade especial, como a que o tempo anda mais devagar à medida que você se move mais rápido, e energia e massa sendo fundamentalmente a mesma coisa. Livros sobre a relatividade passeiam por meio de sua linha de raciocínio com exemplos cotidianos de trens, balas, raios, e assim por diante. A teoria não é difícil, mas é definitivamente contraintuitiva[4].

Einstein abordou a observação da natureza invariável da velocidade da luz como a base para novas ideias que precisavam ser descobertas e, quando o fez, achou fácil construir uma tela terminística ao redor. Cientistas que forçam novas ideias dentro de telas terminísticas antigas morrem sem ao menos *grokarem* isso.

Em seu caminho para a maestria das Três Leis, você começará a ver os pontos-chave das leis nos termos de outras partes das leis. Você poderá experimentar aquele momento "aha!" e, então, estará construindo uma nova tela terminística a partir das Três Leis. Este é um ponto crítico em seu caminho para se tornar um mestre no material deste livro.

3º marco: você verá novas oportunidades de desempenho elevado em toda a parte

Logo após passar o segundo marco, você perceberá que está vendo situações antigas de uma nova perspectiva — como se estivesse usando lentes de contato. Você se pegará na fila do supermercado questionando: *Como será que as situações estão ocorrendo para as pessoas aqui, de tal forma que elas estão fazendo o que estão fazendo?*

Você se verá fazendo perguntas profundas sobre si mesmo, por exemplo: *Como minha esposa ocorre para mim, e eu para ela, de tal forma que nos comportamos da maneira como nos comportamos?* Você poderá

---

[4] Hawkins, Jeff e Blakeslee, Sandra. On Intelligence [Sobre a inteligência]. Nova York: Macmillan, 2005, p. 49.

até brincar com a pergunta: *Como devo ocorrer a mim mesmo, uma vez que faço coisas como essas?*

Muitas pessoas ao passar pelas ideias, processos e exercícios deste livro percebem que começam a ouvir de uma nova forma. Para aqueles que estão enxergando as situações da perspectiva das Três Leis, saber como as situações ocorrem para as outras pessoas é mais importante do que saber como você pensa sobre aquela situação. Por exemplo, você pode se encontrar perguntando a outra pessoa: "Como esta situação parece para você?" em vez de assumir que você sabe. Ou você poderá dizer: "Como esta situação parece ser para mim..." em vez de dizer "como é" para qualquer pessoa racional. Você verá a ilusão da realidade pelo que ela é.

Observe que todas essas ideias nascem da 1ª Lei.

Da 2ª Lei, você começará a observar de que forma o uso da linguagem expressa, suporta e mantém como as situações ocorrem para as pessoas. Você verá que as pessoas falam em "problemas" e coisas que "deram errado" e "são difíceis". Você reparará que é assim que as situações realmente *são* para as pessoas. Elas não ocorrem como se "parecessem", mas como "realmente são". A ilusão da realidade está instalada.

Você poderá ficar consciente das telas terminísticas das pessoas. Ouvirá as telas em ação por trás das palavras: telas artísticas, telas de negócios, telas científicas, telas analíticas, até telas culturais e regionais. Você verá a tela terminística que as pessoas usam quando falam sobre si mesmas, ou sobre os relacionamentos, ou sobre o futuro. Você reconhecerá que poderá construir relacionamentos e obter influência ao conversar com as telas terminísticas dos outros.

Você tomará consciência de que a maioria das pessoas fala sobre o futuro em termos do passado. Você reconhecerá o futuro automático delas, normalmente não articulado, e como suas ações se relacionam a esse futuro.

Você poderá sentar-se num restaurante, olhar ao redor e perguntar-se: O que as pessoas não estão falando e mesmo assim estão comunicando? Talvez você descubra que possui novas percepções sobre as pessoas e por que elas estão fazendo o que estão fazendo.

Da 3ª Lei, você verá que algumas (mas realmente poucas) pessoas empregam a linguagem generativa. Em vez de simplesmente ficar descrevendo situações, elas usam a linguagem baseada no futuro, fundamentadas em declarações e compromissos. Você verá surgir esses raros indivíduos que estão atentos ao futuro de suas organizações, famílias ou grupos.

Você poderá decidir e declarar que você é uma dessas pessoas.

Um grande benefício colateral de seguir o caminho da maestria nas Três Leis é o desenvolvimento da liderança e até do carisma. Você se verá defendendo um futuro em vez de tentar impedir outro.

À medida que você declara o futuro — incorporando as preocupações dos outros — as pessoas passam a se empenhar, tornando-se motivadas e inspiradas. O ambiente de trabalho transforma-se. O desempenho cresce. O futuro automático é reescrito.

Você não precisará lembrar como agir, como Malcolm Burns ou Brad Mill. Você fará o que eles fizeram, de maneira apropriada a sua situação — pois eles estavam pensando com base nas Três Leis, assim como você estará pensando com base nas Três Leis.

Ao enfrentar um desafio de desempenho, você se verá perguntando a si mesmo e aos outros: "Como esta situação ocorre para mim e para os outros, de tal modo que estamos nos comportamos dessa forma?".

Você perguntará: "Quais conversas precisam ser concluídas e quais conversas precisam ser criadas, para alterar a maneira como essas situações ocorrem para as pessoas envolvidas?".

Você verá que estará testando seu futuro automático e o de outros ao perguntar: "É isso o que queremos? E se não é, o que nós queremos?".

Você reparará que, onde antes havia confusão e ansiedade sobre o que fazer, haverá clareza e foco no que precisa ser criado. É como se a preocupação desesperada do que poderia dar errado fosse substituída por uma excitação por aquilo que pode ser criado.

Grandes mestres enfrentam seu trabalho como um jogo que vale a pena ser jogado: há paixão, intensidade e prazer em jogar.

Este terceiro marco em ver oportunidades de um desempenho elevado em toda a parte está relacionado à consciência de que você não precisa mais lembrar as Três Leis. Elas agora fazem parte de sua tela terminística. É como se elas o usassem em vez de você as usar. Pensar por meio das Três Leis se tornará tão natural como achar as chaves de seu carro antes de dirigir para o trabalho.

4º marco: ensinando os outros

Alcançar o último marco é o assunto do último capítulo a seguir: tornar as aplicações das Três Leis um esforço comunitário. De forma simplificada, o quarto marco é por si só um meio de acessar a maestria que se expandirá para sempre. Ao se empenhar, ensinar e treinar outras pessoas a pensar por meio das Três Leis, o desempenho se ampliará enquanto você descobrir novas e criativas aplicações das Três Leis. Quando você chegar a esse ponto, o desempenho elevado se moverá de seu interesse pessoal para o interesse do grupo. Nesse ponto, você terá a oportunidade de reescrever o futuro de uma organização — talvez até descobrir o Eu organizacional e torná-lo o direcionador de uma nova era em sua empresa.

Nós agora o levaremos a um conjunto de perguntas que o guiarão no caminho para a maestria das Três Leis do Desempenho.

Materiais para o caminho da maestria

Agora que você tem uma noção de qual é o caminho para a maestria, aqui estão algumas ferramentas e materiais para acelerar seu movimento — um conjunto de perguntas a serem feitas e atividades a serem desenvolvidas como prática.

Nesta seção, é útil que você escolha um novo desafio de desempenho. Quanto mais difícil, mais antigo e mais aparentemente impossível, melhor. Procure algo que está na escala nove ou dez do "grande resultado" — algo que, se de fato resolvido, trará um impacto real.

Prática da 1ª Lei: explorando como a situação ocorre para você e para os outros

Olhe cada faceta do desafio de desempenho que você e outros estão enfrentando, incluindo as ações que as pessoas realizam ou deixam de realizar. Veja o assunto em todos os seus aspectos. Lembre-se das frustrações, esperanças, progressos que você fez ou deixou de fazer. Lembre-se do que as pessoas disseram sobre a situação, em particular e publicamente. Quais explicações e justificativas as pessoas usaram para encarar o que não funcionou? Sinta o estresse da situação incluindo as expectativas dos outros. Experimente o futuro automático que existe para as pessoas envolvidas e como ele influencia o presente.

Você quer ver as várias formas pelas quais a situação problemática atual é preenchida, tumultuada e limitada em seus caminhos mais evidentes. Já falamos sobre como o futuro automático limita e reduz o que experimentamos como possível no presente. Agora vamos perguntar como as soluções para os problemas do passado se colocam no futuro automático.

Chamamos esse fenômeno de a *massa do problema-solução*. A massa desenvolve-se quando a solução para nosso problema se torna o próximo problema, o que é basicamente como a vida é. Por exemplo: você sente-se só. Isso é um problema. Então você conserta o problema casando. Uma vez que a empolgação passa, você se dá conta de que possui um novo problema: chama-se "estar casado". Talvez a solução seja "ter um filho". Agora você tem problemas com fraldas, com falta de tempo, com finanças. Você conserta o problema entrando em um novo emprego ou trabalhando duro para ser promovido. O problema agora é que o trabalho consome sua vida e sobra pouco tempo para a família. Nesse estágio, 50% de nós desistimos e resolvemos o problema com o divórcio. Agora a solidão está de volta, e você tem menos dinheiro. E por aí vai: quanto mais tentamos resolver um problema, mais problemas arranjamos. Os franceses possuem um ditado que capta esse paradoxo: *Quanto mais as coisas mudam, mais ficam iguais.*

Não estamos dizendo para você enrolar e não lidar com problemas. É só que o conserto normalmente não atinge os temas básicos que precisam ser tratados. Resolver um problema significa transformar como a situação ocorre para você e para os outros.

Ao refletir sobre uma situação que parece exigir um salto de desempenho, você deve começar perguntando (a si mesmo e aos outros): "O que está funcionando e o que não está funcionando nesta situação?". A seguir: "Houve alguma ação no passado para corrigir um problema que agora é parte do que não está funcionando?". Faça uma lista de todas as soluções comuns que as pessoas usariam em sua indústria. Ou, se o assunto é pessoal, quais são as ações comuns que as pessoas fazem para resolver problemas como o que você tem?

Pense em tecnologias, treinamentos, pesquisas, incentivos, direitos de decisão, delegações. Adicione as modas de gestão. E mais pessoal. Mais dinheiro. E que tal acrescentar também técnicas de motivação? Experimente frases, campanhas, cartazes nas paredes enfatizando o trabalho em equipe ou a coragem.

Qualquer uma dessas soluções alterará permanentemente a maneira como um assunto e as situações relacionadas ocorrem para você e para os outros?

E se fosse possível uma alteração permanente na maneira como a situação ocorre? O que essa alteração faria com o desempenho?

Como um comentário adicional, observe que essa lista de soluções comuns provavelmente está sendo usada por seus competidores. Nesse caso, usá-las também coloca você no centro do pacote, não numa posição de liderança. A essência da vantagem competitiva está em fazer coisas diferentes e de forma diferente. Quando este texto foi escrito, as aplicações implantadas com base nas Três Leis do Desempenho eram tão raras que representam para os pioneiros uma real vantagem competitiva.

O ponto a ser extraído dessa reflexão é que a solução de um problema faz parte de como essa situação ocorre. A maioria das pessoas é pega na armadilha de apresentar uma solução que criará o problema seguinte — um ciclo que não se rompe. Além disso, as soluções usuais não impactam a maneira como as situações ocorrem.

Experimentando a correlação: a dança das mãos

No capítulo 1 introduzimos a noção de correlação, mas não gastamos muito tempo com ela. De fato, essa ideia é essencial no processo de maestria das Três Leis.

A 1ª Lei propõe que a maneira como uma situação ocorre para uma pessoa não *causa* o desempenho dessa pessoa. Nem o oposto é verdadeiro, o desempenho de uma pessoa não causa a maneira como uma situação ocorre a ela. Em vez disso, as duas correlacionam-se. É como se fossem duas pessoas dançando. A dança aparece como resultado do conjunto de seus atos. Um dançarino não é a causa de o outro se mover, ou isso não seria uma dança.

A causa requer um tempo entre as duas ações. Pingue uma gota de ácido num organismo monocelular e, em milissegundos, ele desaparece — a reação gera o movimento. Por outro lado, as últimas pesquisas da ciência do cérebro afirmam que nós (humanos, não organismos monocelulares) percebemos coisas e agimos sobre elas *exatamente no mesmo instante*. A ação acontece em nosso corpo no mesmo instante que a pergunta "O que está acontecendo?" aparece em nosso cérebro. As duas coisas acontecem simultaneamente e assim não podemos dizer que uma causa a outra. Elas estão correlacionadas.

Coloque seu desafio do desempenho de lado por um instante. O próximo exercício, desenhado para criar a experiência da correlação, precisa de um parceiro. Assim você deverá envolver outra pessoa na leitura do livro. Esta é a parte da prática do capítulo seguinte, e assim o estamos abordando antecipadamente.

Coloque suas mãos para a frente com as palmas voltadas para fora, seus dedos retos e distantes uns dos outros. Sente à frente de seu parceiro, que deve estar com as mãos da mesma forma e quase tocando suas mãos — mas sem tocar.

Chame um de "A" e o outro de "B". Se houver uma terceira pessoa disponível, ela indicará quem deverá "liderar", alternando entre A e B: "A", "B", "A", "B", e assim por diante. Caso não haja esta terceira pessoa, você indicará o "líder".

Para começar a atividade, quem indica diz "A". Esta pessoa moverá as mãos como se elas estivessem apoiadas num vidro plano. Para cima, para baixo, para os lados, em círculos. A outra pessoa ("B") a segue da melhor forma que puder.

Depois de, vamos dizer, dez segundos, quem indica diz "B". Agora os dois invertem os papéis de tal forma que quem estava liderando agora está seguindo. Depois de dez segundos, inverta os papéis quando quem indica diz "A".

Continue esse processo com a mudança entre "A" e "B" reduzindo-se a cada vez que os papéis forem invertidos. Oito segundos, depois seis, depois quatro. Depois dois, depois um.

Depois quem indica fala o mais rápido possível: "ABABABAB". Você verá que liderar e seguir estão fundidos em algo que são ambos e nenhum deles. É uma dança, em sua verdadeira essência.

Uma vez realizado este exercício, aqui estão as perguntas a serem feitas:

- Como você sabia o que a outra pessoa estava fazendo, de forma a manter seus dedos próximos, mas sem tocá-los?
- No começo, existia uma distância entre o líder e o seguidor? Essa distância diminuiu à medida que o exercício progrediu?

- Quando vocês alcançaram o máximo juntos, quanto tempo se passou entre quem liderava e quem era liderado? A maioria das pessoas diz que não havia atraso. Se vocês alcançaram esse ponto, como foi possível que o líder e o seguidor fizessem os movimentos ao *mesmo tempo*?
- Houve um momento em que o líder e o seguidor eram um só e o mesmo? Se isso aconteceu, vocês estavam pensando em fazer isso acontecer ou simplesmente aconteceu?

A seguir, duas explicações. Qual das duas traduz melhor a experiência da dança das mãos?

1. A causa e o efeito tornaram-se cada vez mais rápidos, mas, mesmo no máximo da velocidade, um dos participantes estava causando a ação do outro.
2. A causa e o efeito dissiparam-se no mesmo instante. Sua ação não causava a do outro, nem a do outro causava a sua. Parecia que aconteciam ao mesmo tempo.

A maioria das pessoas diz que a segunda explicação é a que melhor traduz essa experiência. É por isso que esse exercício é chamado de "dança das mãos" — a dança não se dá quando você fica pensando para onde mover seus pés (ou, neste caso, as mãos).

Observe que você experimentou apenas um pequeno pedaço do que é correlação. O movimento de um correlacionado com os movimentos do outro. Não havia causa e efeito nem atrasos. Suas ações e as de seu parceiro aconteceram em conjunto.

A correlação entre você e a outra pessoa mostra o que acontece no movimento da vida entre pessoas. Imagine que a falta de graça — que o baixo desempenho — seria o resultado de alguém dançando "pelos números", ou dançando como se suas ações causassem as ações de seu parceiro. Vale a pena pensar nessa analogia. Quanto mais você considera uma situação usando o aspecto de correlação da 1ª Lei, maior será seu acesso à melhoria do desempenho. Se você vir a correlação entre ação e ocorrência, poderá dançar nos eventos à medida que acontecerem, alterando como uma situação ocorre para você e para os outros em pleno voo. As ações das pessoas irão imediata e naturalmente "dançar" com a nova ocorrência. O desempenho torna-se elegante e gracioso.

Quando você vir a poderosa conexão entre desempenho e a maneira como as situações ocorrem, e puder *grokar* a correlação, você estará dentro da 1ª Lei.

Prática da 2ª Lei: explorando como a linguagem modela a maneira como as coisas ocorrem para você

Vamos criar duas categorias para qualquer fenômeno que vivenciamos dentro do trabalho e em nossa vida fora do trabalho. Vamos chamar uma categoria de *realidade que aparece na linguagem* e outra de *realidade independente da linguagem*.

Um exemplo da realidade que aparece na linguagem é o casamento. Um homem e uma mulher estão literalmente casados quando uma pessoa oficialmente designada os declara casados. Até aquele momento eles estão solteiros, depois daquele momento estão casados. Um novo futuro é criado: ser casado. Tudo na vida muda em resultado da alteração de como uma pessoa ocorre para outra.

Outro exemplo de algo que só existe pela virtude da linguagem é o *dinheiro*. Uma nota de cem reais vale o mesmo que uma de cinco para seu gato — mas não para você. O "dinheiro" da nota está nos símbolos, não no papel propriamente dito.

Pense na seguinte pergunta: há algo que ocorre para você e é totalmente independente da linguagem? A maioria das pessoas dirá "a parede" ou "a mesa". E acrescentaria: "Esses objetos existem mesmo se tivermos ou não palavras que o descrevem!".

Talvez não. Vamos considerar a mesa.

Há claramente algo lá. Mas rotular e chamar esse "algo lá" de mesa carrega enormes implicações para a ação. Quando você rotula uma situação ou objeto, passa a se comportar em relação àquela situação ou àquele objeto de acordo com esse rótulo. Com relação à mesa, você talvez faça uma refeição sobre ela. Talvez escreva em sua superfície. Ou coloque flores de acordo com sua altura. Talvez guarde livros. Mas você não coloca uma geladeira sobre ela.

Como seres humanos, nosso relacionamento com os objetos é inseparável da linguagem ou da tela terminística.

E como você sabe que é uma mesa? Porque ao redor da mesa está tudo o que não é a mesa. Mas tudo o que não é a mesa não existe na realidade — uma negativa é uma função da linguagem, não um reflexo da realidade. Não sabemos como uma mesa ocorre para um cachorro, mas uma coisa é certa: o cachorro não se relaciona com ela como uma mesa. Talvez o cachorro pense sobre a mesa como algo do qual deve desviar-se para chegar até a porta, ou como um lugar de onde vem o cheiro de comida. Para nós, é uma mesa. Uma vez que aprendemos a linguagem, não podemos ver o mundo sem sua influência.

Colocando esse ponto de outra forma: a maioria das culturas possui uma palavra para cachorro e há algo ali que ocupa aquele espaço físico (e come aquela comida concreta). Mas, em algumas culturas, as pessoas associam *cachorro* a *amigo*. Outras associam *cachorro* a *almoço*. Nossa experiência com o cachorro, e certamente a experiência do cachorro conosco, será diferente dependendo da linguagem que usarmos.

Indo mais fundo, os físicos dizem que os objetos sólidos não são nem um pouco sólidos. São uma coleção de partículas, átomos, separadas por enorme quantidade de espaço. A maioria do que está lá é literalmente nada. "Alguma coisa é sólida" realmente quer dizer que não podemos passar por ela e ficar intactos. Mas, para experimentar o *sólido*, precisamos de uma palavra que os descreva dessa forma. O nome *sólido* não é por si só sólido, mas permite ser sólido.

Não estamos querendo dizer que não há nada "lá fora" além da linguagem. Mas tudo o que não está na linguagem não nos é acessível. Olhamos para o que está lá fora através de nossa tela de termos — um vocabulário completo cujas palavras estão conectadas — de tal forma que *mesa* e *cachorro* ocorrem de determinada maneira. É nossa tela terminística que importa. Uma vez que aprendemos as palavras para *mesa* e *parede*, não podemos deixar de ver as mesas e as paredes. E, à medida que o tempo passa, outros termos se associam a mesas e cachorros baseados em nossa experiência.

Para ver a inevitabilidade da 2ª Lei, pare um pouco e analise os objetos ao ser redor. O que eles querem dizer para você? Sua xícara de café pode ter uma conexão sentimental para você — talvez seja um presente de alguém — então ela ocorre como aconchegante e estimada. Se você está num avião, a experiência pode soar inquieta e caótica. As pessoas a seu redor podem parecer felizes, ou cansadas, ou apressadas. Observe que tudo a seu redor ocorre de certa maneira que você não pode separar. Observe também que em todos os casos ela ocorre de determinada maneira por meio da linguagem.

Nunca podemos ver nossa tela terminística, mas podemos ver seus efeitos. Volte a observar como as pessoas e coisas a seu redor ocorrem para você. O que isso diz sobre como sua vida ocorre para você? Se tudo parece algo a ser realizado — um lápis ocorre como algo que precisa ser usado, uma revista ocorre como algo que precisa ser lido — talvez toda a sua vida ocorre para você como se devesse ser cuidada. Novamente, tudo isso é uma função da linguagem.

Se você estiver numa discussão com um grupo sobre as Três Leis, sugerimos que invista algum tempo conversando com os outros sobre a fonte do objeto mais importante da linguagem: você mesmo. Como você ocorre para si mesmo aparece na linguagem, assim como tudo a seu redor. As pessoas que se reinventam possuem a habilidade de transformar a maneira como ocorrem para si mesmas.

Experimentando a linguagem em ação

Retome seu desafio de desempenho. Observe que a maneira como a situação ocorre e as palavras usadas para capturar como isso acontece não estão somente conectadas — elas são inseparáveis.

À medida que reconhecer como a situação ocorre para você, observe as conexões com os incidentes passados que parecem similares ou relacionados. Veja que essa situação está ligada a outras situações, e a forma de agir e lidar com as situações passadas é intrínseca às ações realizadas para enfrentar a situação atual.

Considere também a rede de conversas que as pessoas desenvolvem para apoiar e manter o desempenho como está. Mesmo que seu desafio seja pessoal — como perder peso ou melhorar seu casamento — há uma rede de conversas a seu redor que impacta a maneira como essa situação ocorre para você e para os outros.

Observe:

- O que as pessoas dizem.
- O que as pessoas não dizem, mas mesmo assim comunicam.
- A postura das pessoas, seus gestos, expressões faciais e tom de voz.
- O que as pessoas escrevem — em e-mails, notas em *post-its*, cartas, relatórios formais e outros documentos.

Considere que você é um nó nessa rede de conversas — muito parecido com um nó de uma rede de computadores. Observe ainda que boa parte dessa conversa já existia antes mesmo que você entrasse nela.

Faça as perguntas:

- Como a situação ocorre para as pessoas, já que elas estão tendo essas conversas?

- Onde há ruídos na comunicação? Como esses ruídos se movem para direções opostas?
- Quais conversas são produtivas? Quais são ineficazes?
- Qual a relação entre seu desafio e essa rede de conversas?
- Qual futuro automático as pessoas nessas conversas estão vivenciando?

Quando você vir uma conversa em ação e reconhecer que a maneira como as situações ocorrem aparece na linguagem, você estará dentro da 2ª Lei do Desempenho.

Prática da 3ª Lei: tendo algo a dizer sobre como as situações ocorrem

Você pode não ter condições de mudar os fatos de uma situação, mas tem algo a dizer sobre a tela de termos pela qual eles ocorrem. Usando nossa analogia da primeira seção, você não pode mudar o que está a sua frente, mas pode usar um novo par de lentes. Uma vez que você vir a situação de uma nova perspectiva, encontrará oportunidades que não percebeu antes. Mais especificamente, a situação ocorrerá para você de uma nova forma.

Com o poder da 3ª Lei, você pode alterar a maneira como a situação ocorre para você. O caminho para a maestria consiste em evitar ao máximo as diferentes formas de acontecer. Se você tiver uma operação de fachada envolvida no curso dessa situação, ela colorirá a maneira como a situação ocorre para você. À medida que você abandonar (por meio da linguagem generativa) suas operações de fachada ao reconhecê-las, estará no caminho da maestria.

Resolva quaisquer pendências passadas que façam parte da situação, incluindo seu relacionamento com outras pessoas.

Comprometa-se a ver a situação como é, sem a massa de problema-solução. Se houver algum pedaço de *Já tentei isso...* ou *Isso é realmente difícil*, livre-se desses julgamentos. Encare a situação sem soluções, sem nenhuma percepção de que é um problema.

Ser um mestre significa que não há nada entre você e a coisa com a qual você está lidando. Se você possui algum conhecimento, imagine-o acima e atrás de você iluminando aquilo com que você está lidando. Se você possui benefícios, expectativas, esperanças, medos sobre a situação, ser um mestre significa colocá-los na prateleira de forma que você não analisa a situação por meio deles.

Os mestres que estudamos neste capítulo não veem problemas ou trazem sua bagagem do passado com eles. Seu compromisso é seguir em frente, vendo a situação de uma forma que lhe permita ter um desempenho elevado.

Criando um futuro novo

Se você está usando papéis para fazer anotações, pegue uma folha em branco. No mínimo, imagine mentalmente uma folha em branco. Considere a seguinte pergunta sobre seu desafio de desempenho: *Como a situação ocorreria para mim, de forma que meu desempenho se elevasse?* Dito de outra maneira: *Se esta situação ocorresse para mim como* [espaço em branco], *eu agiria de novas formas*. Agora preencha o espaço em branco.

Considere a diferença entre como a situação ocorre para você agora e como *poderia* ocorrer. Quais aspectos dessa ocorrência teriam maior impacto sobre o desempenho? Por exemplo, se uma situação que atualmente ocorre a você como perigosa e ameaçadora, de repente, ocorresse como algo a ser acompanhado de perto, isso o libertaria do que você fez e pode fazer?

Considere a rede de conversas que suporta e mantém a maneira como as situações ocorrem. Quais novas conversas, se iniciadas, alterariam permanentemente como as situações ocorrem? E quais conversas, se removidas, impactariam como as situações ocorrem?

Observe em detalhe as redes de conversas da óptica da *integridade*. As pessoas honram suas palavras? Fazem o que é esperado, mesmo quando não concordaram em fazer aquilo explicitamente? Comunicam-se honestamente, sem tentar se preservar? Como novas conversas podem ser iniciadas para dar início a uma cascata de integridade por toda a organização?

Mais importante, em qual futuro as pessoas estão vivendo? Elas estão inspiradas por esse futuro ou estão submissas a ele? Esse futuro considera as preocupações de todas as partes interessadas? Alguém na organização ou no grupo está atento ao novo futuro? Quem deve assumir esse papel? Como eles podem ser inspirados a fazer isso?

Escute os outros. Quais são suas preocupações? Elas estão sendo resolvidas pelo futuro que a organização ou o grupo está vivenciando?

Qual é o novo futuro que teria a aderência necessária para substituir o futuro que as pessoas estão vivendo hoje? Qual futuro atenderia os interesses de todos?

Vendo a situação através das Três Leis

Volte a seu desafio de desempenho. Lembre-se de como ele ocorria antes de você ler este livro. Como ele ocorre para você agora? Você pode ver algo acontecendo? Você pode ver a linguagem em ação, assim como a rede de conversas? Você consegue vislumbrar novos futuros possíveis e como a linguagem baseada no futuro e generativa pode reescrever o futuro que as pessoas estão vivenciando?

Há um momento para muitas pessoas em que acontece um "clique", quando elas veem as situações através das lentes das Três Leis do Desempenho de uma só vez. Quando isso acontece, as coisas nunca mais parecerão as mesmas. Você está pensando agora por meio das Três Leis.

Se isso ainda não aconteceu, pegue outro desafio de desempenho e passe pelas questões e atividades deste capítulo. À medida que trabalhar o "problema", você estará a caminho da maestria.

Se o clique aconteceu, você agora está pensando por meio das Três Leis. O desafio seguinte é compartilhar as Três Leis com os outros, a fim de engajá-los e envolvê-los nas ideias e pensamentos que signifiquem uma diferença para eles.

8

Quebrando a barreira do desempenho

A única coisa que importa é o desempenho, e este acontece por meio das ações das pessoas. Como vimos neste livro, as conversas, particularmente as conversas baseadas em compromissos, geram ações. Ao trabalhar com milhares de pessoas na implantação das Três Leis, identificamos sete compromissos específicos que, quando desenvolvidos com integridade, quebram com segurança a barreira do desempenho.

Nossa última recomendação é esta: pegue esses compromissos e deixe-os guiá-lo nas conversas que você terá com outras pessoas.

1º compromisso: saia da plateia

Vamos visitar um jogo de futebol num grande estádio. Há pessoas sentadas na plateia e pessoas no campo. Todos estão falando, mas as conversas nos dois lugares são bem diferentes. Na plateia, as pessoas falam sobre o jogo — julgam, avaliam, estimam, dão desculpas por seu time, dizem o que o time fez bem ou racionalizam. Há muito pouco em jogo, pouco risco, e suas conversas não têm praticamente nenhum impacto nas ações do jogo.

E há as conversas que os jogadores estão travando no campo. Essas conversas não somente afetam o jogo, mas *são* o próprio jogo. Alguém pode dizer: "Passe a bola para mim que eu marco!", e o próximo movimento se inicia. Durante o jogo, as pessoas estão comunicando-se de tal forma que o time fica focado em ganhar.

A pergunta é: Que tipo de conversa você está tendo? No campo ou na plateia?

Você deixa a plateia quando para de avaliar e julgar, e passa a colocar algo em risco, quando se comunica de uma forma que gera ação, quando se torna responsável por ganhar o jogo.

Tendo lido este livro, você estará preparado para entrar em campo. Assim perguntamos: Você está no campo? Se não, o que está esperando? E se você está no campo, como pode fazer outras pessoas se juntarem a você?

2º compromisso: crie um novo jogo

Imagine que as áreas em que você quer elevar o desempenho são todos os jogos. Um jogo começa quando uma pessoa influente usa a linguagem baseada no futuro e diz que algo é mais importante que outra coisa. O inventor do futebol disse que marcar mais gols é melhor que marcar menos gols. Quem originou o golfe disse o oposto — fazer menos pontos é melhor que fazer mais pontos.

Você faz um jogo novo quando declara que algo é importante. Isso é o que você está colocando em risco e é o que o torna responsável. Quando outros se comprometem com o jogo junto com você, eles se encontram no campo.

Então use a linguagem baseada no futuro e declare o que é importante. Diga o que não é importante. Quem disse que você poderia dizer isso? Você!

3º compromisso: faça dos obstáculos as condições do jogo

Recentemente ouvimos uma vendedora dizer: "Os clientes são lentos para tomar decisões — eu poderia vender mais se eles fossem mais rápidos". Ela estava fazendo com que as condições do jogo "vendessem" um obstáculo.

Isso é tão absurdo quanto um time, que raramente marca um gol, dizer: "Poderíamos ganhar se o campo fosse mais curto" ou quanto jogadores reclamarem: "Ganharíamos se os jogadores do outro time não fossem tão fortes".

Se algo ocorre a você e aos outros como um obstáculo, você se limitará a jogar dentro dos termos do obstáculo. Em vez disso, torne os obstáculos as condições do jogo.

Gostando ou não, você está jogando num campo mais longo, contra jogadores mais fortes, com clientes lentos em tomar decisões. Dadas essas condições, o que você fará para vencer?

4º compromisso: compartilhe suas ideias

O altíssimo desempenho torna-se possível quando você engaja outras pessoas nas ideias das Três Leis ao compartilhá-las.

Compartilhar é permitir que o outro participe daquilo que você está experimentando. Alguns de nós temos aversão a compartilhar, o que provavelmente se iniciou na infância com nossa mãe dizendo para compartilharmos nossa barra de chocolate com um amigo. Nessa ocasião concluímos que ficamos apenas com metade da barra de chocolate — não foi um bom negócio. Acabamos guardando o que nos é importante para não perder nenhuma parte.

Isso pode ser o que acontece no mundo das barras de chocolate, mas não é o que acontece com experiência e compromisso. Quanto mais você compartilha sua experiência, e quanto mais você torna públicos seus compromissos, mais receberá em troca.

Se você compartilha seu amor por outra pessoa, ele não diminui mas aumenta. O mesmo acontece com sua experiência com as Três Leis. Quanto mais você as compartilha, mais sua experiência se aprofunda, suas ideias se concretizam, e sua capacidade de conquistar resultados aumenta. As ideias compartilhadas crescem e espalham-se.

Adicionalmente, quanto mais você compartilha, mais o ambiente ao redor fica definido pelas Três Leis, e a melhoria de desempenho aparece.

Então, com quem você deve compartilhar? Com as pessoas que são importantes para você, e com aquelas pessoas de quem você precisa para vencer o jogo do desempenho.

É muito simples, mas não necessariamente fácil. Tudo o que precisa ser feito é compartilhar sua experiência. Que impacto este livro está trazendo para você? O que você enxerga que não enxergava antes?

Quando você compartilha, outras pessoas assumem desafios de desempenho com você e criam uma rede. Nessa comunidade todos estão aprendendo e trabalhando juntos para alcançar o que antes parecia impossível.

5º compromisso: encontre o técnico certo

Há no campo mais um papel relevante: o de técnico. Ele não está na plateia e também não está no jogo. Ainda assim, ele arrisca-se da mesma forma que qualquer jogador em campo.

O que o técnico faz? Pelas Três Leis, grandes técnicos alteram a maneira como a situação do jogo ocorre para os jogadores, em especial em momentos críticos. O técnico dirá e fará o que for necessário para ganhar o jogo. Ele poderá motivar, inspirar, informar ou dizer aos jogadores exatamente o que fazer. Cada ação que ele fizer altera a maneira como o jogo ocorre para os jogadores, de tal forma que suas ações se correlacionam com vencer o jogo.

À medida que criar uma rede que leva à quebra de barreira no desempenho, você se verá como um técnico. Então quem é seu técnico? Nossa recomendação é tornar este livro seu técnico. Prometemos que, se você travar ou for expulso de seu jogo, em algum lugar deste livro há uma reflexão que o recolocará novamente em campo.

Se isso não funcionar, procure um grande técnico que compartilhe sua experiência com a comunidade de pessoas que, como você, estão jogando o jogo do desempenho.

6º compromisso: comece a colocar seu passado no passado

Precisamos ter o futuro e o passado em ordem, de uma vez por todas.

Os seres humanos fazem uma confusão muito simples e muito comum — uma que você não deve fazer se você quiser elevar seu desempenho. É na realidade um erro de classificação.

Imagine dois armários com pastas, um chamado "Passado" e outro, "Futuro". De vez em quando algo estressante, difícil ou perigoso acontece. Quando isso se dá e nós sobrevivemos, anotamos o que deu certo tirando uma fotografia de nossas ações e armazenando-a para o caso em que aquela situação aconteça novamente. Assim você a terá em seu futuro, colocando-a no armário "Futuro".

Depois de viver uma quantidade suficiente desses incidentes, as pastas do armário "Futuro" ficam lotadas. A ironia é que você não possui mais um futuro real. Você perceberá que estará repetindo o passado, e estará mesmo. Quando algo acontece, você procura nas pastas do "Futuro" e faz o que suas anotações e fotografias o orientam a fazer. Você repete a mesma coisa várias vezes porque colocou essas pastas em seu futuro.

Então vamos superar esse erro de classificação.

Se tiramos tudo o que está no armário "Futuro" — todas as decisões que colocamos lá para lidar com o que provavelmente acontecerá — o que sobrará naquele armário?

Nada.

Essa é a natureza do futuro real: não há nada lá. O que acontecerá no futuro real é incerto. O amanhã se tornará hoje, mas, quando isso acontecer, não será mais amanhã. Amanhã, como amanhã, não possui nada dentro dele. É vazio, incerto e não escrito.

Quando você olha para o futuro real, você não vê nada.

A má notícia é que você está diante do nada. Não há certeza disponível.

A boa notícia é que você está diante do nada. Você só pode criar no vazio. Um pintor somente pode pintar num quadro branco. Você pode criar um futuro no nada.

Como forma de criar esse futuro, especule sobre futuros possíveis que o atraem, futuros que o inspiram. O futuro a ser inventado, não o futuro a ser descoberto. Não é um futuro projetado para corrigir ou resolver nossos problemas atuais. É um futuro desenhado para fazer uma diferença em sua vida e na vida dos outros.

Você deve olhar para o nada e declarar o que pode ser e o que você está realmente comprometido a fazer. Se você permanecer nessa conversa, nunca mais confundirá o futuro com o passado novamente.

7º compromisso: jogue o jogo como se sua vida dependesse dele

Comece a função de técnico você mesmo. Reverta sua sentença perpétua. Crie um futuro poderoso para viver. Não caia na ilusão da realidade. Veja as situações como elas realmente são. Experimente alterar a rede de conversas de sua empresa.

Você não causará problemas. Somente estará estabelecendo uma conversa. No basquete, quando a bola entra na cesta, observe o que acontece. Quando se sentir com vontade de conversar, procure pessoas que gostariam de criar uma rede de conversas para o desempenho. Pergunte se elas estão interessadas em montar um grupo de discussão para criar novas ideias e resolver questões difíceis. Com aqueles que estão interessados em jogar, crie um futuro comum, que atraia e inspire a todos.

As pessoas resistirão porque sempre resistem a novas ideias. Lembre-se: o mesmo aconteceu com Galileu. Não leve isso para o lado pessoal. A resistência é como uma tempestade: quando toma chuva, você fica molhado — mas não é nada pessoal.

Você se pegará resistindo a seus próprios compromissos, julgando os outros como errados, e não criando o que você sabe que pode ser. Lembre que você pode abandonar qualquer coisa que não sirva para você.

Quando algo estiver bloqueando você, pergunte se o que está acontecendo é "errado" ou "ruim". Se é assim que lhe está parecendo, altere a pergunta de "O que está errado?" para "O que está faltando?". Trate isso como se fosse parte do campo no qual você está jogando. Seu trabalho é vencer nessas condições. Não há obstáculos, há somente condições de jogo.

Agora você está de volta ao jogo.

Aqui vai nossa última palavra. Não há circunstâncias nos negócios ou na vida com as quais você não possa lidar por meio das Três Leis. Não importam quais barreiras você tenha de superar, quais desafios tenha de encarar, territórios desconhecidos tenha de cruzar, você está pronto para fazê-lo.

Jogue o jogo de maneira apaixonada, intensa e sem medos. Mas não o torne mais significativo do que ele realmente é, pois se trata apenas de um jogo.

Apêndice

As Três Leis do Desempenho e os corolários da liderança

A 1ª Lei do Desempenho: *O desempenho das pessoas está correlacionado à maneira como as situações ocorrem para elas.*

1º corolário da liderança: *Os líderes têm algo a dizer e dão aos outros o poder para falar sobre como as situações ocorrem para eles.*

A 2ª Lei do Desempenho: *A maneira como uma situação ocorre aparece na linguagem.*

2º corolário da liderança: *Os líderes são mestres do ambiente da conversa.*

A 3ª Lei do Desempenho: *A linguagem baseada no futuro transforma a maneira como as situações ocorrem para as pessoas.*

3º corolário da liderança: *Os líderes escutam para o futuro de sua organização.*

Agradecimentos

Este livro não seria possível sem a contribuição de várias pessoas, grupos e organizações.

Agradecemos à Landmark Education por tornar sua metodologia e seu conhecimento disponíveis para nós. Agradecemos particularmente a sua equipe e ao trabalho inspirador dos líderes de programas dos quais já participaram mais de um milhão de pessoas graduadas.

Agradecemos ao editor desta série, Warren Bennis, cuja paixão pela arte e ciência da liderança nos motivou por anos. Warren tornou--se o líder deste projeto há mais uma década e nos guiou por todo o processo, desde a ideia inicial até a conclusão do manuscrito. Seremos sempre gratos a Warren por seus conselhos, direcionamento editorial, compromisso com o projeto e visão do que poderia acontecer.

Agradecemos ao suporte do corpo docente e da equipe da University of Southern California e da Marshall School of Business. Agradecimentos especiais vão para Tom Cummings, Rich Callahan, Tim Campbell, Jim Ellis e Steve Sample.

Somos gratos a John King por nos ter apresentado. Como um dos sócios de Dave na CultureSync, John assumiu trabalho extra para dar suporte a este projeto. Da mesma forma, Jack Bennett assumiu responsabilidades adicionais que permitiram que este livro fosse escrito.

No mesmo sentido, agradecemos a Fred McWilliams e Jim Kidder por terem ampliado suas responsabilidades diárias para apoiar Steve.

Agradecemos aos vários especialistas que cederam seu tempo para entrevistas, incluindo Chris Ahrends, Ray Anderson, Chris Argyris, Joel Bakan, Geoffrey Bellman, Peter Block, Ray Fowler, Kevin Kelly, Rakesh Khurana, Barney Pell, Lewis Pinault, Bob Rosen, Peter Senge, Monica Sharma, Eraldo Tinoco, Margaret Wheatley e Dan Yankelovich.

Estamos agradecidos a várias pessoas que nos convidaram a participar de casos em suas empresas e compartilharam histórias bem pessoais. Nesta lista incluem-se Lee Browne, Malcolm Burns, Paul Fireman, Antoinette Grib, John Hetrick, Isamu Homma, Michael Jensen, Selinah Makgale, Jorge Mattos, Brad Mills, Akio Nakauchi, Keitaro Nakauchi, Seiko Nakauchi, Arunaraje Patil, Larry Pearson, Laolang Phiri, Mal Salter, Ian Sampson, Don Shelton, Burgess Winter e Doug Young.

Agradecemos a nossos guias e tradutores japoneses, Yumi Fukushima e Atsuko Ueda, e, pela tradução especializada de materiais, a Risako Suzuki Robbins. Agradecemos também a Takatoshi Ueno pelo apoio dado em nossas entrevistas no Japão.

Na África do Sul, agradecemos a Mari-Louise Schoeman pela agenda e coordenação de nossas entrevistas na Lonmin.

Agradecemos os esforços de várias pessoas que nos ajudaram a transformar anotações neste livro. Neste quesito estão incluídos Richard Brest, Allan Cohen, Rosalie Dillan, Miriam Diesendruck, Joe DiMaggio, Kirsten Fraunces, Virginia Ginsburg, Michael Jensen, Gretchen Knudsen, Mick Leavitt, Olga Loffredi, Harte Logan, Bob Mueller, Maira Navarro, Ann Overton, Brian Regnier, Robert Richman, Sanford Robbins, Rick Super, Diana Toomey-Wilson e Aaron Zaffron. Agradecemos também à equipe de pesquisa, desenvolvimento e design da Landmark Education por seus comentários.

Gostaríamos de agradecer também às contribuições da JMW Consulting, especialmente a Jerry Straus. Agradecemos ainda às contribuições dos sócios da Insigniam Performance: Michael Waldman, Shideh Bina e Nathan Rosenberg. Também agradecemos e apreciamos várias outras empresas de consultoria de gestão altamente eficazes com quem trabalhamos e cujo trabalho suportou o conteúdo deste livro.

Parte do material sobre liderança apresentado neste livro foi desenvolvido para o que se transformou num evento anual para o corpo docente e os alunos da Simon School of Business da University of Rochester. Agradecemos a colaboração positiva e os diálogos realizados durante as aulas. Em especial, a Dean Mark Zupan por seu apoio e conselhos.

Por transformar ideias em um produto final, somos agradecidos a nosso agente, Bob Mecoy, e a nossa editora executiva, Susan Williams. Agradecemos também à equipe do Jossey-Bass, incluindo Rob Brandt, Kristi Hein, Mark Karmendy, Carolyn Carlstroem e Amy Packard.

Pelo apoio ao livro, agradecemos a Eileen LaCario, Jennifer Greer e Linda Graveline.

Reconhecemos as centenas de horas de contribuição dos membros do Barbados Group, cujos nomes estão mencionados na Nota dos Autores.

Agradecemos ainda aos consultores e à equipe do Vanto Group que demonstraram incrível compromisso com seus clientes, alguns dos quais estão incluídos neste livro.

Por seu incansável apoio, agradecemos especialmente a Halee Fischer-Wright, que reduziu seu tempo dedicado a seus compromissos como médica e consultora para nos orientar e colaborar em assuntos críticos do livro. Agradecemos pelo conteúdo de suas conversas e por nos manter focados.

Por último, agradecemos a Werner Erhard, que desenvolveu as ideias originais nas quais grande parte deste livro se baseia. Apreciamos seu compromisso, esforço intelectual e suporte no desenvolvimento de partes críticas deste livro.

Pela importância na obtenção deste resultado, agradecemos a todas essas pessoas. Pela possibilidade de termos passado do ponto, pedimos sua compreensão, caro leitor.

Os autores

STEVE ZAFFRON é o CEO do Vanto Group, consultoria baseada em São Francisco especializada em projetar e implantar iniciativas de larga escala que elevem o desempenho organizacional. O Vanto Group realizou mais de 300 projetos em 20 países, incluindo a Apple, a GlaxoSmithKline, a Johnson & Johnson, a Heinz Northern Europe, a Reebok, a Northrop Grumman, a BHP-Billiton, a Petrobras, a Telemar Brasil e o Polus Group. Com muita experiência em consultoria internacional, trabalhou com executivos de alto escalão e conduziu programas para mais de 100 mil pessoas no mundo todo. Steve realizou apresentações como especialista em transformação organizacional na Harvard Business School, na Simon School of Business na University of Rochester e na Marshall School of Business na University of Southern California.

É também executivo sênior e membro do Conselho da Landmark Education, no qual liderou o desenho do The Landmark Forum, programa do qual já participaram mais de um milhão de pessoas.

Steve tem mestrado pela University of Chicago e é graduado *magna cum laude* pela Cornell University. Ama esquiar e correr, tem paixão pelas artes marciais, toca música clássica em seu clarinete e jazz em seu saxofone.

DAVE LOGAN atua no corpo docente da Marshall School of Business na University of Southern California, onde leciona gestão e organização no programa de MBA. Entre 2001 e 2004 foi reitor associado do programa de executivos. Naquela época, iniciou uma série de programas educacionais em empresas no setor aeroespacial, imobiliário, financeiro e de saúde.

Dave é também cofundador e sócio sênior da CultureSync (www.culturesync.net), uma consultoria de gestão especializada em mudança cultural e estratégia, atendendo clientes como a Intel, a American Express, a Charles Schwab, a Prudential e a Health Net, assim como órgãos do governo e grandes organizações sem fins lucrativos pelo mundo.

Dave escreveu três livros, incluindo o aclamado *Tribal Leadership* (2008, com os coautores John King e Halee Fischer-Wright), e seus trabalhos foram publicados em vários periódicos profissionais e acadêmicos. Foi entrevistado pelas grandes empresas de comunicação, incluindo CNN, Fox e NBC.

Dave tem Ph.D. em comunicação organizacional pela Annenberg School na University of Southern California. Adora escalada em rochedos, corrida em distância e é um ávido jogador de tênis.

Índice

A
Abbot, Jennifer, 147
Achbar, Mark, 147
Adidas, 125
Ahrends, Chris, 53, 234
Aids, 39, 50-2, 98, 102
An Invented Life (Bennis), 169, 234
Anderson, Ray, 135, 137, 148, 155, 234
Atos expressos, 108
Autenticidade: criando uma crise de, 182

B
Bakan, Joel, 147, 234
Bennis, Warren, 5, 9, 99, 119, 136, 152, 160, 169, 233
BHP New Zealand Steel, 93, 237
Blakeslee, Sandra, 198, 204, 205
Block, Peter, 20, 132, 149, 150, 157, 159, 161, 234
Bohr, Niels, 194
Browne, Lee, 106, 107, 189, 234
Burke, Kenneth, 198, 200
Burns, Malcom, 93-95, 98, 115, 125, 137, 207, 234

C
Casamento, 23, 74, 114, 181, 214, 217
Churchill, Winston, 99, 100, 195
Collins, Jim, 155
Completar, 104-7, 109, 115
Comprometer, 47, 52, 82, 96, 111, 115, 163, 203
Confusão, 65, 71, 72, 84, 133, 207, 227
Conhecimento, 12, 43, 62, 66, 67, 73, 106, 123, 201, 219, 233
Conversa, 124, 128-134, 136, 139, 144, 153-161, 174, 190, 194, 201, 206, 207, 217-220, 223, 224, 228, 231, 235
   rede de conversas, 129, 144, 154-9, 217, 218-220, 228
Corolário da liderança, 125, 128, 231
   1º corolário, 125, 231
   2º corolário, 128, 231
   3º corolário, 135, 231
Corporação, 110, 145-7, 151, 158, 164
Corporation, The, [A corporação] (Bakan, Crooks, Achbar), 147, 158
Correlação, 211, 213, 214
Crise, 64, 145, 147, 149, 150, 176, 178, 182-6
Custos, 23, 42, 48, 51, 78, 79, 86, 93, 95, 147
Ver também Operação de fachada

D
Dança das mãos, 211, 213

Declaração, 52, 53, 99, 108, 109, 114, 180, 181
Derrida, Jacques, 193
Desempenho elevado, 205, 208, 219
Discurso motivador, 100
Dobson, Michael, 186

E
Ecology of Commerce, The [A ecologia do comércio] (Hawken), 135
Einstein, Albert, 171, 204, 205
Erhard, Werner, 16, 19-21, 131, 138, 153, 235
Escutar para o futuro, 135, 137, 231
Estar incompleto, 105, 106
Ver também Completar
Experiência subjetiva, 36

F
Fator X na maestria, 195
Feynman, Richard, 194-6
Fireman, Paul, 120-8, 130, 131, 133, 136, 137, 234
Fischer-Wright, Halee, 162, 199, 235, 238
Fox on the Rhine [Raposa no Reno] (Niles e Dobson), 186
Franklin, Benjamin, 99
Future of Management, The [O futuro da gestão] (Hammel), 150
Futuro automático, 99-104, 109, 111, 112, 115, 129, 131, 137, 146, 160, 185, 206, 207, 209, 218
Futuro: criando um novo futuro, 52, 53, 56, 87, 89, 91, 100-2, 106, 108, 109, 114, 128, 157, 214

G
Galileu, 204, 228
Gestão autoliderada, 162
Grib, Antoinette, 33, 34, 38, 107, 234

H
Hamel, Gary, 150

Harvard Business School, 15, 17, 21, 28, 43, 79, 80, 82-4, 89, 90, 108, 131, 153, 163, 237
Hawken, Paul, 135
Hawkins, Jeff, 198, 204, 205
Heinlein, Robert, 203
Hetrick, John, 107, 234
Higher Aims to Higher Hands [Metas sublimes para mãos sublimes] (Khurana), 163
HIV, 39, 42

I
Ilusão de realidade, 59
Integridade, 56, 58, 105, 131-4, 137, 140, 152-4, 157, 159, 160, 220, 223
International Finance Corporation (IFC), 58

J
Jensen, Michael, 17, 21, 43, 79, 80, 82, 83, 131, 153, 234
Jogo: criando um novo, 224
 faça dos obstáculos as condições do jogo, 224, 225
 jogue como se a sua vida dependesse dele, 228
 saia da plateia, 223, 224, 226
 técnico certo, 226

K
Keller, Helen, 66, 67, 195
Khurana, Rakesh,163, 164, 234
King, Martin Luther, 99
Knowing Doing Gap, The [A lacuna entre saber e fazer] (Pfeffer), 62

L
LaBonte, Joseph, 122
Lasagna, Louis, 162, 164
Leis do desempenho, 27, 72, 73, 84, 107, 113, 119, 125, 135, 144, 164,

189, 190, 195, 197, 208, 211, 220, 231
Ver também 1ª Lei; 2ª Lei; 3ª Lei
Lentswe, 160, 161
Líderes, 8, 9, 11, 19, 25, 26, 44, 46, 49, 55, 71, 87, 88-90, 93, 100, 112, 115, 116, 119, 120, 123-5, 127-133, 138, 144, 148-150, 155, 159, 161-3, 165, 169, 170, 176, 190, 231, 233
Limpando o quadro, 101
Linguagem, 13, 37, 66-72, 75, 76, 79, 81-4, 87, 88, 90, 96-103, 105, 106, 108, 111, 114, 128, 129, 133-6, 151-153, 156, 157, 161, 181, 182, 190, 191, 198, 200, 203, 204, 206, 207, 214-8, 220, 224, 231
   baseada no futuro, 96, 97, 99-101, 105, 108, 114, 129, 134-6, 156, 157, 161, 182, 190, 207, 220, 224, 231
   descritiva, 96, 98, 101, 106, 111, 182
   generativa, 97, 98, 103, 108, 111, 182, 207, 220
   modela como as situações ocorrem para você, 66, 128, 133, 206, 214
   nós da, 66, 68, 71, 75, 79, 102,
Ver também Completar; Declaração; 2ª Lei
Lonmin Plc., 8, 21, 33, 35, 39-44, 47-55, 57, 58, 83, 98, 102, 125, 137, 155, 156, 159, 160, 176, 234
   Grande Comunidade Lonmin, 58, 161
   Iniciativas de Março, 55
Ver também HIV/aids; Mills, Brad

M
Magma Copper Company, 103
Makgale, Selinah, 33-5, 38, 107, 234
Mattos, Jorge, 46, 47, 234

Mestre nas Três Leis, 165, 193, 198
   1º marco, 198
   2º marco, 203
   3º marco, 205
   4º marco, 208
Ver também fator X
Mills, Brad, 21, 41-4, 48-55, 58, 102, 125, 137, 234
Modelo de negócio, 110, 165
Moody-Stuart, Mark (sir), 158

N
Nakauchi, Akio, 65, 88, 89, 234
Nakauchi, Keitaro, 65, 70, 72, 88, 89, 234
Nakauchi, Kojiro, 63, 65
Nakauchi, Toshimi, 63
Não dito, 68-76, 79-85, 87-90, 101, 105
   não dito, mas comunicado, 68, 69, 76, 105
   não dito, mas comunicado sem consciência, 69-71, 75, 90
New Zealand Steel, 93, 95, 98, 115, 125, 137, 155, 156
Ver também BHP New Zealand Steel
Niles, Douglas, 186
Nogxina, Sandile, 160
Northrop Grumman, 44, 45, 48, 112, 113, 115, 125, 156, 237

O
Ocorrência: explorando como a situação ocorre para você e para os outros, 36-8, 47, 55, 59, 62, 66, 76, 79, 83, 96, 97, 100, 106, 128, 207, 209-211, 214, 217-9, 231
On Intelligence [Sobre a inteligência] (Hawkins e Blakeslee), 204, 205
Operação de fachada, 74-6, 78, 83, 85, 86, 89, 90, 104, 106, 130, 218
Organizações, 7-9, 15-7, 26-8, 72, 127, 129, 130, 133, 136, 137, 143-

6, 148-152, 154-6, 158, 161-171, 189, 207, 233, 238
aquecimento global nas, 149
autolideradas, 145, 149
Ver também Corporações

P

Passado, 34, 41, 46, 47, 51, 57, 67, 89, 96-100, 103-5, 108, 115, 130, 133, 134, 139, 140, 146, 148, 170, 191, 206, 209, 210, 217, 219, 227, 228, 243
Patil, Arunaraje, 181, 182, 234
Pearson, Larry, 176, 177, 188, 234
Percepção, 36, 54, 68, 72, 176, 219
Petrobras, 45, 46, 48, 237
Pfeffer, Jeffrey, 62
Phiri, Laolang, 39, 234
Poder do futuro, 97
Polus Group, 63-72, 75, 77-9, 84, 86, 89, 90, 98, 101, 102, 109-111, 115, 155, 192, 237
    1ª Lei do Desempenho, 33, 36, 59, 68, 125, 132, 231
    1º corolário de liderança, 125, 231

Q

Qualidade de vida, 40, 187, 189

R

Reebok, 120-3, 125-7, 131, 137, 190, 237
River God [Rio Deus] (Smith), 196, 197
Roosevelt, Franklin D., 99, 100
Rost, Joseph, 119

S

Salter, Mal, 80-3, 234
Sampson, Ian, 93, 234
Schwab, Charles M., 143-5, 238
    2ª Lei do Desempenho, 206, 214, 216, 218, 231
    2º corolário de liderança, 128, 231
Senge, Peter M., 11, 149, 150, 155, 234

Sentença perpétua, 175, 176, 178-183, 186-8, 228
Sloan, Alfred, 150
Smith, Wilbur, 196, 197, 237
Stranger in a Strange Land [Um estranho numa terra estranha] (Heinlein), 203
Succeeding with What You Have [Alcançando sucesso com o que você tem] (Schwab), 143, 144

T

Taylor, Frederick, 150
Tela terminística, 198-206, 208, 215, 216
    3ª Lei do Desempenho, 96, 134, 136, 231
    3º corolário de liderança, 135, 231
Tinoco, Eraldo, 187, 188, 234
Transformação, 15, 19-21, 26, 27, 41, 47, 48, 55, 57, 58, 89, 95, 153, 161, 163, 183, 185, 188, 201, 237
Tseka, Victor, 53
Tutu, Desmond, 53, 58
Twain, Mark, 186, 187

U

UPS, 156, 157

V

Vanto Group, 12, 13, 19, 21, 46, 235, 237, 243
Voz interior, 72-4, 77, 78, 90, 100

W

Wilson, Colin, 170, 171, 179
Wonderkop: reunião da Lonmin na, 49

Y

Young, Doug, 112, 113, 125, 234

Z

Zemeckis, Robert, 160

Fale conosco

Durante a leitura do livro você encontrou vários convites para refletir sobre seus desafios, seja na vida pessoal ou nos seus negócios. Agora que já leu o livro, compreende claramente que a maneira como as situações ocorrem para as pessoas aparecem em conversas e, muitas vezes, ao ouvir a si mesmo nessas conversas, você consegue perceber as armadilhas que impactam o seu desempenho. Reconhecendo essas armadilhas, você pode então desarmá-las, deixando-as no passado para se concentrar no futuro.

Caso você queira mais informações sobre o livro, acesse o site em inglês **www.threelawsofperfomance.com**. Lá você encontrará:

- Um guia prático para elevar o seu desempenho
- Vídeos e publicações de entrevistas com os autores
- Um resumo executivo do livro

Adicionalmente, caso você desejar conversar sobre desafios de desempenho em negócios:

- Acesse o nosso site **www.vantogroup.com.br**
- Se você lê em inglês, acesse o site **www.culturesync.net**
- Envie um e-mail para **vanto@vantogroup.com.br**

Palavra de quem já leu

Antonio Carlos Guimarães, presidente da Syngenta para América Latina

"Este é um livro que fala sobre como criar um futuro melhor para nossas organizações, através de uma equipe que entende o ambiente em que trabalha e desenvolve uma linguagem própria e única. É uma leitura agradável e, ao mesmo tempo, intrigante com exemplos que nos fazem acreditar na simplicidade de sua implementação."

Sir Bob Reid, presidente, Câmara Internacional de Petróleo; ex-presidente e ex-CEO, Shell Reino Unido

"Para um líder ou alguém aspirando a uma posição de liderança é uma leitura que vale a pena. Como um compêndio de experiências relevantes, será difícil superá-lo."

Desmond Tutu, arcebispo emérito e prêmio Nobel da Paz

"Deus convida cada um de nós a participar do processo de transformar o mundo — criar um mundo em que cada pessoa conhece o próprio valor infinito e insubstituível e onde pode verdadeiramente cumprir seu potencial. Este livro, repleto de ideias e de experiências vivas, mostra-nos como fazer tal trabalho de transformação aplicável em corporações, política e setores civis da sociedade. Steve e Dave escreveram um livro inspirador e prático que poderá ajudar a todos os que buscam reescrever o futuro do nosso mundo."

José Armando Campos, presidente do Conselho de Administração da ArcelorMittal Brasil

"Não hesitaria em indicar este livro aos jovens líderes em formação ou àqueles que já possuem experiência em gestão e que conhecem o valor da educação continuada. O trabalho de Zaffron e Logan oferece aos dois grupos, de maneira clara e íntegra, caminhos para a transformação de pessoas e de organizações, num movimento que parte de nós mesmos e que pode alcançar todas as partes interessadas."

José Tolovi Jr., Great Place To Work® – Brasil, México, Espanha, França, Canadá e América Central

"Reinventar, ou reescrever, o futuro, seja na empresa ou pessoalmente, tem sido a forma de se garantir êxito ou, muitas vezes, a sobrevivência. Porque sempre são as pessoas de uma organização que a levam a um futuro brilhante... ou desastroso. Este livro traz uma abordagem conceitual e ao mesmo tempo prática que poderá causar efeitos concretos e surpreendentes nos indivíduos e em suas empresas. Uma leitura obrigatória e a ser aplicada!"

Marcio Roza, ex-diretor geral, Telemar Rio

"Este é um livro surpreendente! Captura os princípios implícitos em aplicações e processos que foram implementados com a maioria dos 15.000 empregados que eu administrei dentro de Telemar, maior companhia de telecomunicações do Brasil. Um ano depois do início deste processo, a companhia iniciou com êxito um crescente mercado lucrativo. Em minha opinião, sem as ideias deste livro, nós nunca teríamos apreendido isto rapidamente. Foi a melhor aventura de minha vida."

Paul Fireman, fundador, Reebok International; presidente, Fireman Capital Partners, Boston e New York

"O mundo necessita deste livro; é uma pedra preciosa. As ideias e histórias apresentadas são inspirações a líderes e organizações que criam espaço para o sucesso."

Paulo Bedê Miranda, otorrinolaringologista, INOF

"Depois que li este livro, vi meu futuro automático e não gostei. Vamos conversar?"

Raphael Nogueira de Freitas, ex-presidente do Conselho de Administração da Camargo Correa

"Inúmeros executivos, inclusive CEOs, aplicam os conceitos, de uma ou talvez de todas as Três Leis do Desempenho expostas neste livro, com maior ou menor sucesso.

Todos, certamente, tentam motivar e melhorar as expectativas de resultados de suas organizações, utilizando-se de uma 'linguagem baseada no futuro'.

No entanto, raros preocupam-se em buscar entender como os outros percebem a situação que está sendo trabalhada e, muito menos, em 'abrir espaços nos armários' para que possam ser elaboradas novas ideias usando-se uma nova linguagem.

O grande valor desta magnífica obra de Steve Zaffron e Dave Logan é apresentar de forma amigável e didática a 'receita' para viabilizar um novo, promissor e atraente futuro com base em conceitos perceptíveis para muitos, mas cuja aplicação parece, à primeira vista, extremamente difícil. É leitura imprescindível para os administradores modernos.

Estou convencido de que o sucesso de um trabalho desenvolvido com a metodologia proposta pelos autores trará resultados excepcionais quer para uma grande organização, quer para relacionamentos e projetos da vida pessoal."

Título original: *The Three Laws of Performance: Rewriting the Future of Your Organization and Your Life*
Copyright © 2009 by Steve Zaffron & Dave Logan

Equipe editorial LOURDES MAGALHÃES, SOLANGE MONACO e TÂNIA LINS
Preparação ANDREA FILATRO
Revisão ISNEY SAVOY
Capa SOUTO CRESCIMENTO DE MARCA
Foto capa THOMAS J. PETERSON/GETTY IMAGES
Diagramação LUCIANA DI IORIO
6ª impressão

Dados Internacionais de Catalogação na Publicação (CIP)
(Câmara Brasileira do Livro, SP, Brasil)

Zaffron, Steve, 1944- .

As três leis do desempenho : reescrevendo o futuro de seu negócio e de sua vida / Steve Zaffron & Dave Logan ; tradução André Luiz Litmanowicz.. -- São Paulo: Primavera Editorial, 2016

Título original: The thereee laws of performance : rewriting the future of your organization and your live.
ISBN 978-85-61977-08-5

1. Desempenho 2. Liderança 3. Organização 4. Sucesso em negócios I. Logan, Dave. II. Título.

09-06495   CDD-650.1

Índice para catálogo sistemático:
1. Desempenho : Sucesso profissional : Administração   650.1

PRIMAVERA
EDITORIAL
Av. Queiroz Filho, 1700 Vila B 37
05319-000 – São Paulo – SP
Telefone: (55 11) 3031-5957
www.primaveraeditorial.com
contato@primaveraeditorial.com

Todos os direitos reservados e protegidos pela lei 9.610 de 19/02/1998. Nenhuma parte desta obra poderá ser reproduzida ou transmitida por quaisquer meios, eletrônicos, mecânicos, fotográficos ou quaisquer outros, sem autorização prévia, por escrito, da editora.

As 3 leis do desempenho
foi impresso em São Paulo pela Rettec
para Primavera Editorial em maio de 2016.